［中学受験］のトリセツ

“親子力”で志望校に合格！

読解ラボ東京代表
長島 康二
［執筆協力］
香山 泰祐＆中尾 憲吾

ごま書房新社

はじめに

本書『中学受験のトリセツ』の企画・執筆を担当した読解ラボ東京の長島です。

まず、私の自己紹介をさせてください。恥ずかしながら私は大学を1年間留年しており、5年間大学生をしておりました。

そして、その5年間はずっとサピックスで講師をしておりました。サークルにも入らず、講義もろくに受けないで、サピックスの授業にのめりこんだ5年間でした。

また、大学5年生（？）の時に大学受験指導を始めました。ただ、その後も中学受験の指導は続けており、サピックス退職直後から約8年間、栄光ゼミナールで麻布中学対策講座を担当いたしました。

そして、Z会の中学受験部門でも授業を担当し、映像授業にも出演させていただきました。

現在は、予備校や高校で大学受験の指導を、私自身が代表を務める読解ラボ東京で中学受験と大学受験の指導をしております。

さて、中学受験において私たち講師にとっては常識であることが、保護者様に共有されていないケースが多いように感じます。

例えば、塾で扱うテキストについてです。後ほど詳しく記述することになりますが、テキストに載っている問題すべてを消化する必要はありません。

私が担当する国語を例に挙げれば、サピックスのテキストにも予習シリーズにも（特に予習シリーズですが）「超」が付くほどの難問があります。ごく一部のずば抜けた天才を除いて、そのような問題に取り組む必要はありません。

現在の中学入試国語においては、そのような難問で得点する力はあまり重視されておらず、むしろ易しめの問題で落とさない力こそが求められています。

中学受験において、保護者様の影響力は非常に大きなものです。

ですから、保護者様に向けて、正しい情報・正しい戦略を伝える本、つまり「中学受験についての取扱説明書＝トリセツ」を企画した次第です。それによって、中学受験生の合格に寄与できればと思っております。

ただし、私は国語指導にのみ特化した講師です。しかも、大学受験との二足の草鞋で生活しているものですから、中学受験で詳しいのは入試問題だけです。

その私だけではどうしても情報に偏りが出てしまいます。そこで東京出版編集部の香山泰祐先生、元早稲田アカデミー講師の中尾憲吾先生のご協力を仰ぎ、本書を完成させた次第です。

香山先生は「中学への算数」で有名な東京出版で現在も編集・原稿執筆を担当されておいでです。また、昨年まで教室現場で直接生徒と触れ合っていた先生です。私もZ会の中学部門で何年か一緒に生徒を見ておりましたが、生徒に必要なものを確実に提供してくれる人気算数科講師でした。

中尾先生は、早稲田アカデミーで社員の立場から四教科すべてをにらみながら指導されておいでした。現在も大手塾で教鞭を執りながら家庭教師もされている、人気と実力を兼ね備えた先生です。

両先生のお力添えもあり、中学受験の戦略を立てるのに十分な情報を掲載できたかと思います。また、中学受験の最前線にいる三人が本音で語っておりますので、刺激的な書籍になりました。ご期待ください。

2020年7月

長島康二

〔中学受験〕のトリセツ――目次

目次

第3章　小学4年生における算数学習のトリセツ

第4章　小学5年生における算数学習のトリセツ

第5章　小学6年生における算数学習のトリセツ

☆後期のポイント

第6章　入試直前期のトリセツ

第8章 国語のトリセツ 最新入試問題に見る受験国語の本質

特集：有名中学校特別インタビュー

第１章

塾のトリセツ

☞塾通いを始める時期と通うべき塾

トリセツ 小学4年からの通塾でよい

まずは塾通いを始める時期ですが、小学4年生の2月からが基本です。なお、中学受験業界では2月から学年が切り替わりますから、ここでいう4年生とは、学校でいえばまだ3年生の子どもたちのことです。要するに、学校ベースの感覚でいえば、3年生の終わり際から塾に通い始めるとよい、ということになります。なお、これ以降は受験業界の感覚で学年を記載させていただきますので、よろしくお願いいたします。

一応、大手であればどの塾も小1〜6年生までを受け入れています。そして、小1〜3を低学年、小4〜6を高学年と呼び、受験指導に入っていくのが小4からという構図になっています。

したがって、小4から通うのでじゅうぶん、ということです。また、低学年から通っていたことと、高学年における成績にあまり相関がありません。これも小4からの通塾でよいとする根拠ですが、では高学年においてよい成績を収めている方は、どのように低学年期を過ごしているのでしょうか。

よく見るのは、お父さまとよく一緒に遊んでいた、あるいは一緒に習い事に参加していたというケースです。受験勉強とは何かしらの原理原則を当てはめて対処していくものです。どの科目でもそうです。

しかしそれは、何も受験勉強に限ったことではありません。スポーツでも将棋などでも同様です。テニスでいえば、きちんとボールに回転がしっかりかかっていないと、ボールが相手コートをオーバーしていってしまいます。そして、きちんと膝を使っているときは回転がかかってくれるので、オーバーすることはあまりありません。こういった学びと受験勉強は似ているということです。したがって、習い事を通してそのような学びを豊富にしていった子は受験でも強いのです。

もちろんその習い事として塾通いをしてもいいのですが、信頼関係のある保護者様と一緒に遊んだり学んだりした方が、先に紹介したような原理原則を習得したり、活用したりするのがうまくいくように思います。

トリセツ　成績の良い子の共通点は処理能力

ただ、成績の良い子の共通点として、処理力が高いことも挙げられます。普通の子が1時間で終わらせる課題を30分で終わらせてしまうということです。

処理力が高ければ、それだけたくさんの勉強ができますから、成績も向上します。この処理力を養う一つの手段として、子どもを忙しい環境に置かせるというものがあります。習い事や保護者様との遊びと並行して塾通いをさせておくと、お子さんにとっては忙しい環境になりますから、有効かもしれません。

ところで、受験指導の現場に立っていると、全体的な傾向としてこの処理力が低下してきていると感じます。そこで、私が代表を務める「読解ラボ東京」では、処理力を向上させるために「漢字演習道場」という講座を開講しました。

ある程度の処理力があれば、漢字テストを受験した際、1問10秒で解けるものです。したがって、この講座では15問のテストを150秒でお解きいただきます。

そして、間違えた問題はその場で5回ずつ練習していただきます。1回書くのに10秒で済むはずですから、50秒で5回書いていただく形です。これで処理力を高めているわけですが、このような学習は家庭でも出来ることだと思いますから、ぜひお試しいただければ幸いです。

※なかなか家庭で実践するのが難しいというケースもあろうかと思います。その場合はぜひ読解ラボ東京にお問い合わせください。オンラインでのご受講も可能です。

トリセツ　小学5年からの通塾はすすめられない

さて、ここまでは低学年から通う必要はないということをお話させていただきました。では、逆に5年生から通うのはどうでしょうか。これもあまりおすすめできません。

算数にせよ、理科にせよ、国語の知識にせよ、多くの塾はスパイラル形式でカリキュラムが編成されています。どの学年でも同じことを学ぶのですが、学年が上がるにしたがって内容が高度になっていきます。

そうであるならば、小5からの通塾からでもよさそうですが、前の学年で基本を学んでいるからこそ、高度になった内容を理解できるのだと思います。

ですから、無理なくカリキュラムを消化していくためにも、小4からの通塾を基本にしていただきたいと思っております。

また、算数の章でも紹介されていますが、算数においては小4で計算力を養っておかなければ、後々の学習でつまずきかねないようです。これも小4からの通塾をおすすめする理由になります。

トリセツ なぜ大手の集団指導塾をすすめるか

さて、それでは通うべき塾についてのお話に移らせていただきます。いきなり結論から参りますが、私は大手の集団指導塾ならばどこでもよいと思っています。

個別指導塾はあくまで補助的に使うものであり、基本的には集団指導塾に通っているべきだと考えます。受験勉強にはライバルが必要だと思うからです。競争相手と言ってもいいかもしれません。集団の中で切磋琢磨する環境にあるからこそ、受験生は日々の勉強に身が入るのではないでしょうか。

また、大手の集団指導塾ならば、毎回知識系や基本問題のチェックテストがあります。

勉強をさぼっていると、そのテストで悪い点を取ることになります。小学生にとって、それは恥ずかしいことです。また、講師から怒られることもあるでしょう。

それに対して、小規模塾や個別指導はそもそもチェックテストが用意されていないケースがあります。また、あったとしても個別指導塾の場合はどうしても緊張感の面で劣ります。きちんとした学習サイクルを確立するためにも、私は大手の集団指導塾をおすすめいたします。

ただ、どうしても集団授業についていけないという場合もあろうかと思います。その場合は、個別指導塾や家庭教師の併用を検討するべきでしょう。

おそらく、国語のテキストで最もよく使われているのが「予習シリーズ」ですが、これはかなりの難易度です。小学4年生の間はまだそれなりの難易度に収まっていますが、小学5年生、特に後期以降は実際の入試レベルを超える問題ぞろいになります。その場合、クラス授業についていけないという事態に陥りかねません。ただ、その場合もいきなり個別指導や家庭教師を検討するのではなく、お通いの塾の講師にまずは相談していただきたいと思います。

なにを相談するべきか。復習すべき問題の取捨選択です。絶対に理解しきらなければならないことを明確にしてもらうのです。そこだけでもきちんと押さえていけば、その子に合ったレベルの学校を目指していくことは十分に可能です。

トリセツ セカンドオピニオンとして個別指導塾を活用

とはいえ、講師サイドから合理性に欠ける返答しか返ってこない場合もあるでしょう。とにかく全部やってください、今はこのままで大丈夫ですといった返事の場合は、セカンドオピニオンとして、個別指導系の塾を検討してもよいと思います。

また、最低限学習すべき範囲はきちんと示されたが、その最低限のところもお子さん一人では（あるいはご家庭では）消化しきれないケースもあろうかと思います。その場合も個別指導に頼るべきケースにあたるかと思います。

特に国語でよく見られますが、テキストが難しすぎて、いくら何でも消化しきれないという場合もあろうかと思います。先にご紹介した「予習シリーズ」で顕著です。

なお、意外に思われるかもしれませんが、サピックスの国語の問題は予習シリーズよりも易しいです。サピックスの国語には長文読解の授業があります。

確かに文章は長いですが、比較的読みやすいものが題材になっており、しかも扱う問題のほぼすべてが記述です。記述というと難しいと思われるかもしれませんが、適宜講師からヒントを出せますので、難易度調整が可能なのです。


話がそれてしまいましたが、いずれにせよ、教材の難易度が高すぎて困っているというケースもあろうかと思います。その場合は、下の学年のテキストを扱うのが有効です。

私も国語専門塾を営んでいるのですが、国語が不得手な小学6年生と、小4向けの教材から学習を進めることがよくあります。

2月から6月まで小4向け教材で、7月から12月まで小5向けテキストで勉強していき、直前期は入試問題を用いて授業をし、それで大きく力を伸ばしてくれました。

正直なところ、国語については、小5までの内容をマスターしていけば、難関校以外の入試で困ることはありません。ただ、集団塾で、このような低学年の教材を使った指導はできません。したがって、テキストの難易度の高さで困っている場合も、個別指導を検討するべきでしょう。

ただし、個別指導を始めるにしても、集団授業の塾には継続して通うべきです。同級生と切磋琢磨する環境には身を置きたいですし、チェックテストなどがないと、だれてしまうからです。

ただ、最も重要なのは、お子さんが「この先生と勉強したい」と思える講師が一人でもいるということです。勉強における好き嫌いとはいい加減なもので、「出来るから好き・できないから嫌い」という原理で動いています。

好きな先生の科目なら、受験生は一生懸命勉強します。そうすれば、少なくとも基本的なチェックテストでそれなりの点数にはなります。そうなると、他教科で低い点数のものがあればそれが気になり、埋めようとするものです。

要するに、好きな先生がいるだけで、他教科にもプラスの作用が働くのです。ですから、好きな先生がいる塾こそが、その子にとって一番良い塾と言えるのだと思います。

第2章

スケジュールのトリセツ

☞各学年における、
週間スケジュール

効果的な受験勉強のために、1週間単位での学習計画をたてることは必要です。しかし、三日坊主に終わっても意味がありません。

この章では、学習計画を立てる際の心構えや上手な計画の立て方についてお話していこうと思います。まずは全体的なお話から、**表1（38頁）**を参照しつつ読み進めてください。なお、本章における学習時間は、塾の授業以外の家庭学習時間を指します。また、個人差も当然あるでしょうから、あくまで目安ということになります。

トリセツ 学年を問わず意識したいこと

①固定された予定を中心に組む

無理な計画を立てても計画倒れで終わってしまいます。まずは、学校や睡眠の時間など、「自分では変えられない予定・時間」「毎日の生活で削れない時間」を先に埋めましょう。

もちろん、学校や塾の移動時間も考えておきましょう。**表1**の「学校」や「就寝」が、これにあたります。こうすることで、具体的に1週間でどれぐらいの時間を勉強に充てられるかが分かり、各科目の学習時間の割り振りも出来るようになります。

②科目ごとの学習時間を分散させる

「今日は国語・明日は算数」など、特定の科目を一気に進めるのはおすすめしません。学習した日は内容を覚えていても、その科目を勉強しない時間が空くほど学習内容を忘れていくからです。

時間が空いても学習内容を定着させるため、塾の宿題も「こま切れ」にして毎日取り組みましょう。

たとえば算数の計算練習の宿題は毎日10題と決めて毎日やる・理科や社会の宿題で複数の教材があれば1日に1教材と決めて進めるといった工夫をするとよいでしょう。

また、少しの時間で終わる分量であれば、学校の宿題が終わった後や早く起きた朝など空いた時間に消化していくことが可能です。

逆に、一気にまとめて終わらせようとすると、学習時間もまとめて確保しないといけませんから、イレギュラーへの対応が難しくなります。一旦リズムを失うと取り戻すのは難しいですから、各学年のなるべく早いうちに身体で学習リズムを覚えましょう。

③バッファ（余裕）をつくる

計画を立てても、遠足や文化祭などの学校行事や帰省などの家族の予定によって、上手く回らないこともあるでしょう。

このとき、無理に帳尻を合わせようとしても取り組みが雑になるだけで学習効果が高くなりませんし、その結果成績が上がらず、保護者の方が叱る場面が増え、家庭内不和が起こる…そんなことさえ考えられます。

これを防ぐため、計画段階であらかじめバッファを作っておきましょう。

つまり、何も予定を入れない時間をつくっておくことで、計画通りに学習が進まなかった場合に残りの学習を進める時間を確保しておくのです。

表1では、土日を空けておくことで、平日の残りの学習を進められるようにしてあります（もちろん、6年生では難しくなりますが）。

学習スケジュールの全体的なイメージは各学年ともに共通していますが、学年ごとに留意すべき点もあります。それぞれの学年での注意点を見ていきましょう。

トリセツ　4年生で意識したいこと

① 学習習慣をつける

後述しますが、小4は学習時間の確保よりも質の高い学習「習慣」をつけることが重要です。ですから、勉強を詰め込む必要はありません。各科目で、

算数：2時間　国語：1時間
理科：30分　社会：30分

この時間を1週間に割り振っていくイメージです。

例として、**表1**のように組んでみました。算数の計算や国語の漢字練習、理科社会の基礎知識の暗記など、今後の土台となる学習を目指しましょう。

また、4年生は学習習慣を定着させ、以降の受験勉強の土台を築く1年間です。

つまり、「問題を解いたらマルつけをする」「解けなかった問題を解き直し、知識や解法を確認する」といった受験生としての基本所作を身につける時期なのです。

こうした習慣を4年生のうちに身につけずに学年が進むと、「大量に課題をこなしているのに成績が上がらない」という状況に陥ってしまいます。

したがって、小4のうちは量をこなすことよりも質を高めて丁寧に勉強することが大切になります。正しい勉強のやり方を身につけるとともに、「勉強はやって当たり前」の状態をつくりましょう。

学習計画の第一歩は、勉強する時間と場所を決めることです。

たとえば**表1**のように、「学校から帰ってきたらリビングで宿題を終わらせる」「夕飯の前に塾の宿題1日分を終わらせる」というように、家庭内でのルールを決めましょう。

寝る前に歯を磨くのと同じ感覚で勉強できるようになれば、小4での学習はほとんど成功です。

②マルつけを丁寧にする

意外と見落としがちなのは、問題を解いた後のマルつけです。「マルつけをしていない」「マルつけが雑になっている」ことは、学力向上の妨げになります。

というのは、マルつけ後に間違いを直したり間違えたまま覚えたりしてしまうと、その問題は永久に解けるようにならないからです。第三者から見ればすぐに気づくような間違いも、子ども自身がマルつけをすると意外と気づきません。間違えているのにマルをつけてしまったり、そもそもマルつけを忘れたりしてしまうことは多々あります。

ですから、4年生のうちは、お子さんがマルつけしたものを保護者の方がチェックするか、マルつけは保護者の方が行うことをおすすめします。

③用事があっても勉強時間は確保する

表1のスケジュール案は、学校行事や用事がない場合を想定したものとなっています。実際は、習い事が複数あったり家族のお出かけが入る、あるいは友だちと遊んだりする時間が入るでしょう。

学校から帰ってきてから友だちと遊ぶ場合は、その分自由時間に宿題や勉強の時間を取りましょう。「明日やる」という理由で先延ばしにしては学習習慣をつけられません。その日にやる分はその日のうちに、が原則です。

もちろん、1日の中でどうしても学習を進められないときはあります。たとえば学校行事などで時間が確保できない場合は、先述したように週末につくっておいた空き時間で学習を進めましょう。

「その日のうちに」が難しい場合は、「その週のうちに」消化することが大事なのです。

トリセツ 5年生で意識したいこと

① 予定を組み立て直す

表2（**39頁**）をご覧の通り、多くの進学塾では5年生になると通塾日数が増え、授業時間も長くなります。また、学習内容が高度になり、結果として宿題量も増えることがほとんどです。学習時間としては、

算数：4時間（うち、苦手単元や復習に2時間）
国語：1時間半　理科：1時間　社会：1時間

といったように、全科目の学習時間が増えます。特に算数は、他の科目と比べても難しくなってきますから、そのぶん学習時間も必要となるのです。

このように、小4と比べるとかなり負荷がかかりますから、小5の初めの1ヵ月で「勉強がうまく回らない」「寝る時間が遅くなった」というご家庭が多くなります。

特に小4のうちに塾の宿題を直前に一気に終わらせるような習慣がついてしまっていると、5年生の学習についていけなくなりがちです。5年生こそ、学習を分散させて1週間を乗り切りましょう。

具体的には、算数は1回の学習に1時間かけましょう。内容が高度になったぶん、まとまった時間をつくることが必要です。計算練習などは朝の10分で終えたりもできるでしょうが、頭を使う問題は時間をかけて考える方が効果的です。

一方で、他の科目は**表2**のように細かく分散させましょう。たとえば、理科や社会は教材ごとに曜日を決めたり、基本問題と練習問題で曜日を決めたりと、短時間の学習を1週間で反復させましょう。

②習い事を整理する

習い事をしていても学習が回っていた4年生と比べ、5年生以降は習い事との両立が難しくなります。受験勉強の時間確保を考えれば、習い事を削った方がよいというのはすぐにお分かりかと思います。

しかし、子どもの気持ちは違います。今まで好きでやっていたことがなくなり、代わりに大変な受験勉強で時間が埋まるわけですから、心理的な抵抗は大きいでしょう。また、好きな習い事が気分転換となり受験勉強にプラスに働く場合もあります。そこで、優先度をつけたり条件を変えたりして、お子さんと話し合う必要が出てきます。

いくつか例を挙げますと、

- **複数ある習い事の中から、どうしても続けたいもののみを選ぶ**
- **学習が回り成績が出ていれば、習い事を続けてもよしとする**
- **一旦「お休み」し、受験終了と同時に再開するように説得する**

などがあります。

大事なのは、お子さん本人が納得することです。5年生ともなれば自分の意見が出てきます。保護者の方が一方的に決めるのではなく、お子さんと話し合って結論を出してください。

それによって、お子さんの「自分のことは自分でやる」意識も出てくるかと思います。

睡眠時間を削っている・体調を崩しやすくなった・宿題や提出物を雑にやるようになった等が、保護者の方から習い事の整理を切り出す目安です。塾や習い事の先生とも相談してみましょう。

③睡眠時間を削らない

これは6年生にも通じる内容ですが、勉強が終わらないからといって夜遅くまで勉強することはおすすめしません。年齢が低い子どもは、大人以上に生活リズムの乱れに弱いです。

また、生活や精神面での影響が学力に出やすいものです。ですから、宿題が終わっていなかったとしても夜はきちんと寝かせましょう。やはり小学生ですから、遅くとも夜11時には就寝させたいものです。

逆に、うまく学習が回らないのなら早起きの習慣をつけましょう。普段より30分早く起きてみると、頭も体もリフレッシュした状態なので気分よく進めることができます。

また、朝のうちに「やるべきことが終わった」状態ならば、夕方の時間を好きなことにも使えるので、一石二鳥です。特に漢字練習や計算問題などは、朝に行うとよいでしょう。

トリセツ 6年生で意識したいこと

①土日は「たくさん勉強する日」

表3（40頁）のように、6年生の土日は忙しくなります。多くの模試は日曜日に開催されますし、塾では志望校別の特別講座や日曜特訓など、入試に即応した授業が組まれます。

受験生にとって土日は「休む日」ではなく、「1週間で一番勉強できる日」なのです。

模試は受験プラン決定に必要ですし、入試対応講座は合格するうえで受講した方がよいものですから、5年生までよりも土日の自由が利かなくなります。

したがって、すきま時間や平日を上手に使うことが重要となってきます。学習時間の目安としては、

算数：5時間
国語：2時間　理科：1時間　社会：1時間

といったところでしょうか。

もちろん、各科目の得意・不得意は出てきますが、やはり算数に時間をかけることになりがちです。段々と入試レベルの問題を解いていくことになりますから、1回あたりの学習時間も長くなります。

国語も読解問題のレベルが上がり、記述問題も解いたりすることを考えれば、30分以上まとまった時間が必要なこともあるでしょう。理科や社会は授業をしっかり聞き、宿題は曜日を分散させて知識の抜けを防ぎましょう。

塾からの宿題で過去問演習が出されているときは、また、特に6年生の後半は塾内

テストを継続するか否か、任意の講座を受講すべきか否か等の選択で悩まれる方が多くあります。いずれも3時間~5時間ほどの時間を取るものですから、過去問を消化する時間が取れないときもあります。

場合によっては、無理に全てを受講せず、自宅での復習や過去問演習に充てる方が効率的です。**表4（41頁）**で「テストまたは過去問演習」とあるのは、こうした場合を考慮したものです。

受験生本人にとって必要な講座や学習は、やはり普段勉強の姿を見ている塾の先生が一番よく分かっていますから、こうした講座の取捨選択に迷うときは、遠慮なく塾に問い合わせましょう。

②気分転換の時間をつくる

志望校も決まりモチベーションが上がっているとはいえ、休みなく受験勉強を続けるというのは難しいものがあります。

あるいは、過去問演習で思うような点数が出ないときは、気がふさいでしまうこともあるでしょう。うまく気持ちを切り替えて勉強に臨めるように、気分転換の時間をつくりましょう。

たとえば、日曜の夜は家族で外食するのもいいですし、夕食の後で好きなことをしたり、1日15分だけゲームの時間をつくってもいいでしょう（15分で終われば、ですが…）。

もちろん、受験生によっては学校が気分転換という子もいます。受験勉強で感じる不安やストレスを、学校で友だちとしゃべったり遊んだりして解消するのです。

こういう場合は上手に気分転換ができているわけですから、特別に気分転換の時間をつくらずとも、順調に受験勉強が進んでいくでしょう。こういったタイプの子は、入試直前でも学校を休ませずに通わせた方がよいわけです。

[表1] 小4週間予定例

	月	火	水	木	金	土	日
7:00							
8:00							
9:00	学校	学校	学校	学校	学校		
10:00							
11:00							
12:00						国語	
						算数	
13:00						塾のテスト や 習い事	
14:00							
15:00							
16:00	学校の宿題	学校の宿題	学校の宿題	学校の宿題	学校の宿題		
17:00	算数	塾	算数	塾	算数	食事 入浴など ※調整の時	
	理科		社会		国語		
18:00	食事 入浴など		食事入浴など		食事入浴など		
19:00							
20:00	自由	自由	自由	自由	自由		
21:00							
22:00	就寝	就寝	就寝	就寝	就寝	就寝	就寝
23:00							

固定された予定を先に記入する

学校の宿題は早めに終わらせる

土日をある程度空けておくと、平日の残り分を進められる！

夕方に勉強できなかった分はこの時間に！

[表2] 小5週間予定例

	月	火	水	木	金	土	日
7:00							
8:00							
9:00						算数(復習)	算数(復習)
10:00						国語 理科 社会	
11:00	学校	学校	学校	学校	学校		
12:00						昼食 &自由	
13:00							
14:00						塾のテスト や 習い事	
15:00							
16:00	学校の宿題	学校の宿題	学校の宿題	学校の宿題	学校の宿題		
17:00		算数(宿題)		算数(宿題)			
18:00		理科 国語		社会 国語			
19:00	塾	食事・入浴	塾	食事・入浴	塾	食事 入浴など ※調整の時間	
20:00		社会		理科			
21:00	自由	自由	自由	自由	自由		
22:00							
23:00	就寝	就寝	就寝	就寝	就寝	就寝	就寝

早起きができれば
朝学習もお勧め！

内容が高度になるので、
算数の学習時間を増やす

通塾日数が増え、
授業時間も長くなる

[表3] 小6前期週間予定例

	月	火	水	木	金	土	日
7:00							
8:00							
9:00							
10:00						算数	
11:00	学校	学校	学校	学校	学校		(週により) 模試の受験
12:00						理科 社会	
13:00						食事	
14:00							
15:00						塾のテスト または 苦手単元復習	志望校別講座 または 日曜特訓
16:00	学校の宿題	学校の宿題	学校の宿題	学校の宿題	学校の宿題		
17:00		算数		算数			
18:00						算数(復習)	
19:00	塾	食事・入浴	塾	食事・入浴	塾		
20:00		国語 理科		国語 社会		食事 入浴など	自由 ※調整
21:00	自由	自由	自由	自由	自由		
22:00	就寝	就寝	就寝	就寝	就寝	就寝	就寝
23:00							

算数と国語の学習は
まとまった時間が必要！

日曜日は模試や講座で
予定が埋まることが多い

[表4] 小6後期週間予定例

	月	火	水	木	金	土	日
7:00							
8:00							
9:00	学校	学校	学校	学校	学校	算数 または 過去問演習	(週により) 模試の受験
10:00							
11:00							
12:00						理科 社会	
13:00						食事	志望校別講座 または 日曜特訓 (苦手の復習)
14:00						塾のテスト または 過去問演習	
15:00							
16:00	学校の宿題	学校の宿題	学校の宿題	学校の宿題	学校の宿題		
17:00	塾	算数	塾	算数	塾		
18:00		食事・入浴		食事・入浴		算数(復習)	自由 ※調整
19:00		国語		国語		食事 入浴など	
20:00		理科		社会			
21:00	自由	自由	自由	自由	自由		
22:00	就寝	就寝	就寝	就寝	就寝	就寝	就寝
23:00							

宿題ができていれば、
四科の過去問をまとめて
解くこともできる

塾の宿題の量しだいで
過去問を進めるのも可

第3章

☞小学4年生における算数学習のトリセツ

トリセツ その0、計算力をつけるべき学年

塾によってカリキュラムの細かい部分は異なりますが、大まかには変わりません。一般的な塾のカリキュラムを紹介しましょう。

小4の段階では、

・小数、分数の計算　・簡単な文章題や特殊算（線分図の作り方など）
・図形の角度や面積や体積　・場合の数（単純な数え上げ、樹形図など）

などを学びます。

ここで特徴的なのは、『学校では小6で教わる分数の四則計算』をこの小4の段階で学ぶ点です。小5で学ぶ応用問題（特に比や割合）に対応するため、そこに必要な計算は早い段階で身につけておくべきであるという立場を多くの塾がとっているといえるでしょう。

したがって、**小4で必要な算数力の全体を10**とした場合、**計算力が7、図形が2、その他が1**となります。

計算で時間がかかってしまうと、塾の授業内で問題や解答の内容を理解する時間がかかりすぎ、結果として応用問題の理解の障害となってしまうからです。

計算力を身につけるための方法論や身につけたかどうかの基準については、後で述べることにします。

次に図形分野ですが、平面図形の角度、面積、そして立体図形の簡単な体積計算などを扱います。初めて習う内容ですので、難易度もそれほど難しくはありません。小数や分数のかけ算の練習の一環としても扱われることが多いです。

図形分野では、定規を使わず自分で図を書いてみることを心がけましょう。与えられた塾のテキストやプリントの図に書きこむことは、あまりおすすめしません。

漢字の書き取りと同じで、「受験に出てくる有名な形」を覚えるためです。(漢字の書き取りを見るだけで覚えられる子どもは少ないでしょう)。最初は時間がかかります。しかし、記述式の試験が増えている現在、図を書いて考え方を説明する能力は重要になってきます。

このあたりは小5で学習しておきたいことの中でも、改めてふれていくことにします。

その他の分野については、小4の段階ではそこまで重要視しなくて大丈夫です。線分図などの書き方などは、小5でも出てきます。このあたりがあやふやでも、もう一度学べるチャンスがあるわけです。

一方で、計算について新たに学習することはありません。なので、小4の段階で完成していないと困るわけです。例えば、塾に学年の途中（小5と仮定）から入塾しようと考えたとしましょう。

そのとき一番ネックになるのが、この計算の分野となっています。割合や比の分野は、小数や分数の計算が必須です。その計算に慣れてない子どもが、あわてて計算力をつけようとしてもその時間はすでにありません。

したがって本書でも小4からの入塾をすすめているのです。

トリセツ その一、計算力をどうやって身につけるのか

どの塾もこの時期における計算力を鍛える重要性を知っています。ゆえに塾から出される宿題をしっかりとこなすことが重要です。というより、それ以上のことはしなくてもよいでしょう。

塾で出される宿題の量は、大手塾であれば子どもの負担を考えられたものになっています。学校の宿題＋αを初めてこなす時期でもあります。保護者が張り切りすぎて、子どもが量でパンクしないよう細心の注意を払いましょう。

トリセツ その二、計算力を身につけたかの確認と対処法

計算に限らず一般的に「身につけた」といえる目安は、与えられた課題に対して「7割」の正答率であれば、認めるようにするとよいでしょう。

7割を低すぎると感じる保護者も多いでしょうが、10割になるまで復習するというのは不毛です。人間はミスする生き物です。一定の理解をしたのであれば、新しい分野の予習

に時間をかける方が無難です。

では、7割に満たない場合はどうするか。

小4の段階で、新しい問題集を「保護者が判断」して、購入するのは避けるべきです。

その二でも指摘したように、塾から与えられている課題量以上のことをするのはやめたほうがよいです。この場合の対処ですが、

「塾の先生（もしくは学習アドバイザー）に相談」していくのがよいでしょう。塾で出される課題の量に対して、大丈夫な量の追加課題を提示してくれるはずです。その際に聞くべきことを整理しておくことです。

この場合であれば、

・子どもの計算力に対して、現状不安を感じる。
・復習する場合、どのような形をとるのがよいのか。
・保護者がどこまで口をはさんでよいのか。
・現状何割ぐらい出来ていれば安心してよいか（塾のテキストの難易度による）。

など、事前に準備をしておきます。

その場の思い付きの質問は厳禁。このようにしておくと、時間もとることもありません。連絡帳レベルのやり取りでとにかく不安を感じたら、自己判断しすぎず相談していくようにしましょう。ただし、しつこい相談も考えものです。常識的なレベルに留めておきましょう。

トリセツ その三、小4における保護者の役割

塾に行き始める最初の時期です。算数に限らず、塾に行くことを楽しいと感じるように仕向けることが大切です。そのために

・親子で塾の話をする

この習慣を身につけましょう。たわいのない話で十分です。

「今日はどんなことやったの？」

ぐらいでよいのです。「先生がくだらない話をしてた」など、勉強以外の話が出てくる

こともありますが、大手塾でくだらない話のみで授業が完結することはまずありません。言葉通りに受け取らないよう、ある程度は流すように心がけましょう。

次にやるべきことは、

・子どものノートチェック

です。ぶっちゃけて言うと、きれいなノートの書き取りを期待しない、ノートの書き取りが汚いからといって叱らないことです。

何かが書かれていれば、この段階ではＯＫとします。

なお学校での授業の場合、事前に授業プリントが配布されます。これは黒板を全て板書するのに必死で、先生の発言が頭に残らない現象を防ぐためです（学校によっては、プリント授業オンリーのところもあるかもしれません）。

そのため、板書をノートに書き写す作業に慣れていない子どもも多いはずです。塾に通う最初期でノートに完璧さを求めないことです。保護者から見れば、まとめられた形で書かれていないことに不安を感じるでしょう。

しかし、そこはぐっとこらえて、

「きちんと勉強しているね」

とほめてあげましょう。いい気分で子どもがノートをとるように仕向けていくのも保護者の役割の一つです。式しか書かれていないノートであったとしても、子どもにとっては何をしたかの記録帳になっている可能性もあります。

まずは何かを書く練習としての、ノートの役割を意識してください。


最後は、塾の課題テストや実力テストに対する保護者の対応の仕方についてです。

・テストの出来が悪くても、叱らない

ようにしてください。というより叱るのは逆効果です。


叱ったところで点数はよくなりません。勉強の仕方をどのように改善していくか、勉強時間の取り方のモデルケースなどを塾に相談していくようにしましょう。

また算数の科目特性上、小4の現段階では特殊算などなかなか理解できない内容もあります。小5で新しい特殊算を学んだときに、そこで初めて小4で学んだことを理解できることもあるかもしれません。

子どもが何を現状苦手としているのかを、把握するにとどめておきましょう。

ただし、計算だけは別です。ここは（復習段階で）7割出来るように親子で協力して学んでいきましょう。

トリセツ その四、小4でも解ける（ように見える）入試問題（計算問題）

現段階で入試問題に無理にチャレンジすることはありません。しかし、どのような問題が出題されているのかを保護者が知識としておさえておくことは大切です。

現在の中学入試では、計算問題を単体で出す学校と全く出さない学校で分かれています。当然、入試としての単純な計算問題は完答が目標になります。

しかし、計算問題の中には工夫を前提とした問題も数多くあります。ここを単純な計算問題と誤解しないことも大切です。単純計算かどうかの判断を保護者側でするのは不可能でしょう。以下の二つの例を見てみます（解答については省略します）。

問題（2020年・灘中1日目）

$$\left(\square - \frac{19}{2020} \right) \div 0.00125 = 32 + \frac{48}{101}$$

灘中の場合、最初は必ず計算問題、しかもそのときの西暦がからんだ出題になっています。年度によっては工夫する必要もありますが、この問題の場合は純粋な計算力が問われているといえます（1／8＝0・125のような変換できる知識は必要）。この問題は小4でも手がつけられる問題です。

問題（2020年・洛星中）

$$\frac{1}{10}+\frac{1}{40}+\frac{1}{88}+\frac{1}{154}$$

これも一目見ると、単純な計算問題のように思えます。しかし、これは先ほどの灘中の問題と異なり、知識問題の一種として知られています。

具体的には分母の数について、

10＝2×5、40＝5×8、88＝8×11、154＝11×14

のように、差が3になるもの同士のかけ算になっているのです。

これを見抜くには知識が必要になってきます。さすがにそこまでは、小4の段階では要求していません。分野としては、小5で学ぶ「規則性」に入ります。

一口に計算問題といっても、色々な問題があるわけです。単純な計算だから100％完答できないとダメと言い切ることの「危険さ」を感じますよね。

算数を教える場合、こういう専門性がある程度必要になってきます。そういう意味で、保護者が安易に勉強内容に口出しするのは控えたほうがよいでしょう。

塾に任せるとはそういうことなのです。そのあたりの任せ方を、保護者は小4の子どもを通じて学んでいきましょう。

第4章

☞小学5年生における算数学習のトリセツ

トリセツ その0、保護者が知るべき小5の学習の流れ

小5算数では、多くのことを学びます。単元別にざっとあげてみると、

一次方程式の文章題（例：つるかめ算、過不足算など）
割合と比の文章題（例：相当算、仕事算、売買など）
速さと比の文章題（例：旅人算、時計算など）
図形と比の文章題（例：合同、相似、面積比など）
数と規則性（例：等差数列とその和、漸化式など）
場合の数（例：順列、組合せ、漸化式など）

と質、量ともにかなりハードになっていきます。

有名塾のカリキュラムの傾向ですと、これらの分野の基礎問題を一通り学んでから、小6前半の応用問題練習につなげていく形になっています。

内容ですが、一般の公立中学校の1、2年生レベルの数学に相当する難易度です。

中学入試で出題される大半の分野を網羅しており、まさに小5を制するものが受験を制するといっても過言ではありません。逆に言えば、ここで算数に対して苦手意識を持ってしまうと、小6前半の典型問題の演習授業などで苦労することになります。

小5での学習の流れを中学校のカリキュラムに直すと、一次方程式の解法や文字式→平面図形や立体図形の典型題→数列全般の扱い→場合の数のような形です。

割合、速さなどを含めた一次方程式関連の問題は、中学入試では必ずといっていいほど出題されます。小5の間は、ここをきちんとおさえていれば問題はありません。

標準的な中学校を受験する場合、一次方程式の問題が解けていれば、まず合格といってよいでしょう。いわゆる難関校の場合は一次方程式の問題は解けることを前提とした入試問題が出題されます。そして差がつくのは、数と規則性、場合の数、図形の難問あたりになります。

このあたりについては、その三でも書く予定です。ただどちらにせよ、一次方程式が解けないと入試の土俵に上がれないのは確かです。

トリセツ　その一、中学入試で方程式を使ってよいか？

「中学受験でｘなどの方程式を使うと減点される」

というまことしやかな都市伝説があります。読者の中でも聞いたことがある人もいるでしょう。結論から言えば、

「方程式を使っても減点されない」

です。もし算数教師でそういうふうに語る人がいたら、塾の変更も視野にいれましょう。具体的にどの学校が方程式を使ったら減点するか聞いてみてください。間違いなく答えられないはずです。

方程式を使わず、線分図や面積図などで問題を処理していくのは日本の受験算数の特徴の一つです。でも昨今は帰国子女が中学から入学するケースもあります。外国でつるかめ算をやっているとは到底思えませんよね。算数的に正しいことを先の知識を使って解いたからといって減点するようなことはないということです。

なので、方程式を「きちんと使える」のであれば、いわゆる特殊算にこだわった解法で

問題を解かなくてもかまいません。ただしこのあたりは塾の先生とも相談した方がよいでしょう。

また無理に今からあわてて方程式の解法を子どもに教えるのも、あまりおすすめしません。文字式の処理は小5にとってあまり納得できるものでもないからです。

このあたりは、納得できるカリキュラムを塾側が用意しているので、それに従うようにするのが無難です。

トリセツ その二、子どもの習熟度を保護者はどうチェックするか

小5あたりの難易度までくると、保護者が自ら教えることの出来る分野はほとんどなくなります。計算や小テストの丸つけぐらいが関の山でしょう。

「解説を読めば、教えられる」

という保護者も中にはいるかもしれませんが、子どもに心理的に余計な負担を与えるだけですので、いわゆる親塾というのはそろそろ避けたほうがよいかもしれません。

なぜ親塾を避けるかといえば、通っている塾の内容と親の教える内容の二つが同時に子

どもの頭に入ってくるわけですから、混乱をしてしまいます。保護者は「時間をかけて繰り返し『同じこと』を」のイメージで教えているかもしれませんが、子どもにとっては先生や教材などが違えば、『違うこと』になるのです。

あくまで保護者は子どもを見守る役であり、教師としての役割は塾に任せる形が無難です。そういう意味で、小4のところでも触れたように塾側に相談することに慣れるようにしましょう。

さて、子どもに教えることが禁忌であるとすれば、どういうふうに指導などをしていけばよいでしょうか。

・まずはテストの内容と出来を知る

一般的な塾の場合、カリキュラムに沿った実力テストが行われます。そこで「計算問題以外」での大問で7割以上の正答率を超える問題に、きちんと正答しているかのチェックをしましょう。

チェック項目から計算問題を外す理由は単純で、ぶっちゃけて言うと計算ミスからはどんなに優秀な子どもでも逃れられないからです。

意外に思われるかもしれませんが、「計算ミスがない＝算数がよくできる」という等式はそこまで成立しません。進学校に通う数学オリンピックなどで優秀な成績を収めている生徒でも、計算ミスでのやらかしを見かけます。上級者でもミスをするのですからそこをテストで重く見ても一定以上の改善は望めないとしてもよいでしょう。

おおむね8割近く合っていれば深刻に考える必要はありません。小4の入試問題でも紹介したように、大人には計算問題に見えても高度な算数的な知識を必要とする問題である可能性もあります。

一方で、カリキュラムに沿った単元の一行問題や典型題（正答率が高いものがそれにあたるとみてよい）で、子どもがミスしている場合は、それはミスではなく確実にその単元の理解が不足しているとみてよいでしょう。

具体的には、テストの大問前半部分での間違いです。

小5のテストでは、問題は難易度順に並べられています。子どもの習熟度を見るためのテストなので、変な問題順にする必要がないからです。ではそこでの出来が悪かった場合、保護者はどのような対応や理解をすべきでしょうか。

・模試などの偏差値別の復習を

さきほど「正答率7割の問題があっていればよし」という話をしましたが、もちろん、さらに上を目指したい場合は、もう少し深く復習する必要があります。

算数の偏差値が50近辺の場合は、正解率7割の問題があっているかどうかのチェックで十分です。それ以上の問題は応用問題になり、子ども本人のキャパを超える可能性があるからです。新しいことをどんどん学ぶ学年ですから、最低限のことを抑えることにとどめておくのが現実的です。

難関校を目指す場合でも、無理にこの段階での完成を目指す必要がないということです。算数の偏差値が60近辺の場合は、7割問題に加えて、正解率が5割以上の問題があっているかどうかをチェックしましょう。典型的な応用問題を解けるようになれば、その単元は卒業といったところです。

正答率が低い問題のミスの場合、復習の必要があるかどうかといえば、ケースバイケースと答えるしかありません。模試でいうところの最後の方の問題ですね。これらは、小5の段階だと解答例を理解するのも厳しいことがあります。その単元自体を理解してないわけではないですから、軽くふれるだけで十分。完全理解を目指さなくてもよいのです。

トリセツ その三、算数で重要な単元は？ 乱高下する模試の偏差値に一喜一憂しない

模試での算数の偏差値は、保護者が思っている以上に安定しません。算数といっても、その分野は多岐に及ぶため、どうしても分野による得意不得意が出てきます。その中で、この理解をはずすと（偏差値45未満になると）まずい分野に順位をつけるのであれば、以下のようになるでしょう。

一次方程式（特殊算・比・速さ）＞図形と比＝数と規則性＞場合の数

一次方程式（特殊算・比・速さ）の大切さについては、その0、その一でもある程度書いたので、それ以外の分野について考えてみます。

・図形と比

入試では必ずといっていいほど出る分野です。内容は、面積、体積、合同、相似に分かれます。ここは中学入試でも各学校ごとに特色が出る分野です。

たとえば、筑駒だと立体図形の問題はほとんど出題されません。一方で鴎友学園は、毎年のように平行四辺形と相似形を出題します。

どのレベルまで小5で到達すべきかと考えると、標準問題をクリアできるレベルにはなっておいた方が無難です。

学習方法はいろいろありますが、塾のテキストを復習する際に必ず自分で図を書いて、その上で解くように心がけるのがよいでしょう。図形が苦手な子の多くが、図をていねいに書けない、あるいは、問題文の図に書きこんで問題を解いてしまう、といった傾向が多く見られます。

中学入試の図形では、一部の難関校を除けば特徴的な相似形しか出てきません。どこに相似が隠されているかをきちんと把握するように練習を積んでいきましょう。

パターン化しても50は超えないはずです。漢字を50覚えるのと同じ作業と考えてよいでしょう。

・数と規則性、場合の数

数と規則性については、比較的出題しやすい分野の一つです。内容、難易度ともにピンからキリまで。これも桜蔭や筑駒などは必ずといっていいほど規則性の問題が出題されます。

一方で、標準的な問題に終始する学校も数多くあり、小6後半からの過去問演習などを通じてどういった分野が出題されるのかを志望校別に把握する必要があります。

小5の段階だと植木算や暦算といった基礎的なものから、数表、数列、Σ計算、漸化式、パスカルの三角形など大学入試でも出題されるような応用性の広いものまで幅広く学びます。

場合の数についても、同様です。内容、難易度ともに幅広く、樹形図で書き出せば全く問題のないものから、漸化式、二項係数などやはり大学入試レベルのものが出題されます。

ここは子どもの受ける志望校によって、ある程度理解度があいまいでも先に進んでよいといえる分野かもしれません。

極端な言い方をすると、

難関校受験組（偏差値65以上）は、ほとんどマスターすべき

標準校受験組（偏差値55近辺）は、基本レベルで十分

という別れ方になるでしょう。

一般的に一次方程式関連の問題が苦手な子が規則性の問題のみ得意になることは、まずありません。そういった苦手を持つ子は標準レベルの理解を徹底していくだけで時間が足りなくなるはずです。

トリセツ その四、復習などの教材をどのようにすべきか

その二と三でも書いたように子どもがどれくらいの理解度を持っているか把握した次は、もちろん何をすれば苦手分野が復習できるか、得意分野をより伸ばせるかということでしょう。

まずは復習、つまり苦手分野を克服する方法について考えてみましょう。この時期の復習については、以下の二つが考えられます。一つは塾の教材の復習。もう一つは参考書、

問題集を利用した復習です。

塾の復習では、模試と同じく7割くらいの正答率が得られれば次に進めばよいでしょう。第2章の時間割のところでも述べましたが、塾以外の勉強時間は保護者が考えている以上に取りにくいものです。体力的な問題もあるので、無理をさせないことが第一です。

ある程度塾の復習をしていると「答えを覚えてしまっているので、復習しても無意味」のような状態に子どもがおちいることもあります。そういう場合は、薄い問題集を利用したり、あるいは中学受験向けの参考書を購入してやっていくのがよいです。この場合、全部を全て完璧にするのではなく、苦手分野のみでもよいので7割できたら次へ進む精神でやっていくことです。

また、問題集などを「何周」もやることは、中学入試ではあまりおすすめしません。同じことをさせられている感をこの時期に感じさせてしまうと、将来の自主的な勉強に影響を及ぼします。あくまで苦手を克服するために勉強を自主的にしているという前向きな姿勢が大切なのです。

そうしないと小6まで精神力が持ちません。そのあたり、目の前の子どもの偏差値が低いことに怒り心頭になったところで、勉強するのは子どもなのです。叱る役目はあくまで先生。保護者は、復習材料を先生と相談してから子どもに提示していく役割を意識してください。なお、具体的な復習の教材としてどんな本を選ぶかは塾の先生に相談するとよいでしょう。

算数が得意で塾の教材を余裕をもってこなせる場合も、また新たな教材が必要でしょう。特に難関校を受ける場合は、定石となった解法をそのまま丸暗記して受験に向かっても高得点はのぞめないからです。

難関校では定石外の問題が出題されますから、それに対応できるような思考力をつける必要があります。このあたりの具体的な教材選びもまた難しいところです。一般には、東京出版が出している「中学への算数」の月刊誌や増刊号をやっていくのがよいでしょう。ただし増刊号は、難しさのレベルが各冊子ごとに異なるので購入する際には注意が必要です。

月刊誌の場合は、できるところや興味のあるところに手をつければよいでしょう。合う合わないがありますから、無理におしつける必要もありません。この時期は、何かしらの教材を子どもに投げて、興味を持ってくれれば御の字です。どちらの立場にせよ「自主的に」「塾とは違う教材」をやっていくことで、子どもは受験に対して自主的な意識を持てるようになってくるのです。

トリセツ その五、小5でも解ける入試問題（図形）（受験校の傾向をみる）

同じ学校の入試問題を見てみましょう。2年連続分紹介します。

5　図の四角形 ABCD は平行四辺形で，AB : AD = 3 : 4，DF : FC = 1 : 1 です。同じ印の角は，同じ大きさです。

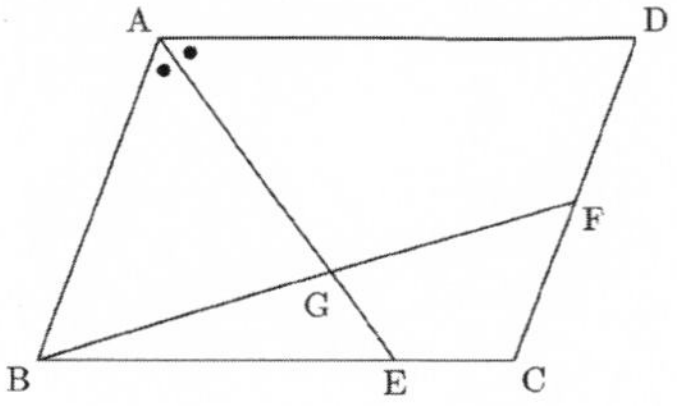

(1)　AG : GE の比を，最も簡単な整数の比で表しなさい。

(2)　三角形 AGF と四角形 CFGE の面積の比を，最も簡単な整数の比で表しなさい。

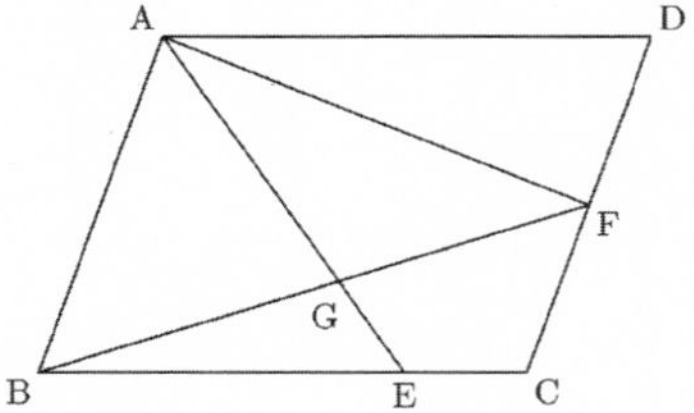

〈2020年鴎友学園〉

4 図の平行四辺形 ABCD は，AE : EF : FB = 3 : 1 : 2，AG : GD = 3 : 2 です。

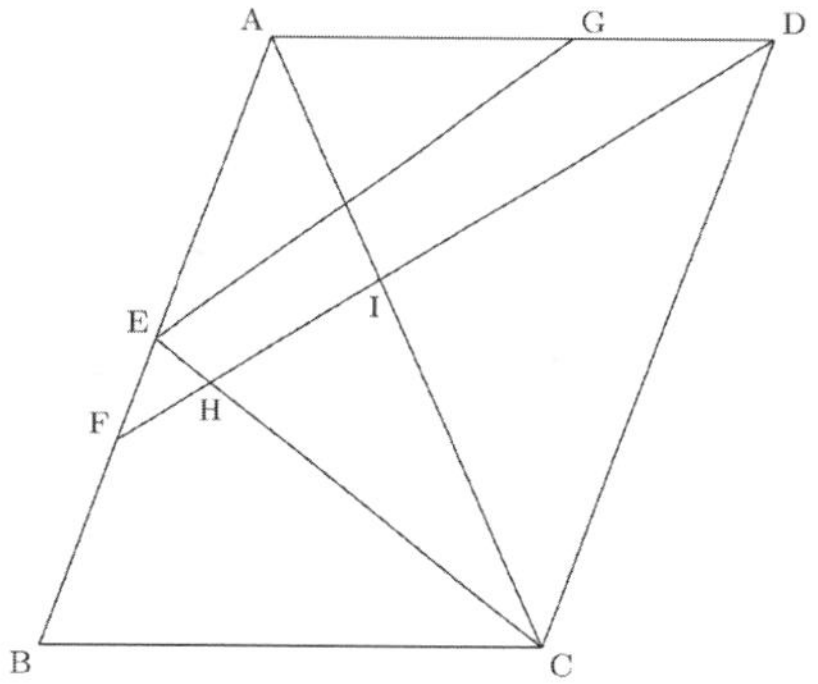

(1) FH : HI : ID を，最も簡単な整数の比で表しなさい。

(2) 平行四辺形 ABCD の面積が 70cm^2 のとき，四角形 AEHI の面積を求めなさい。

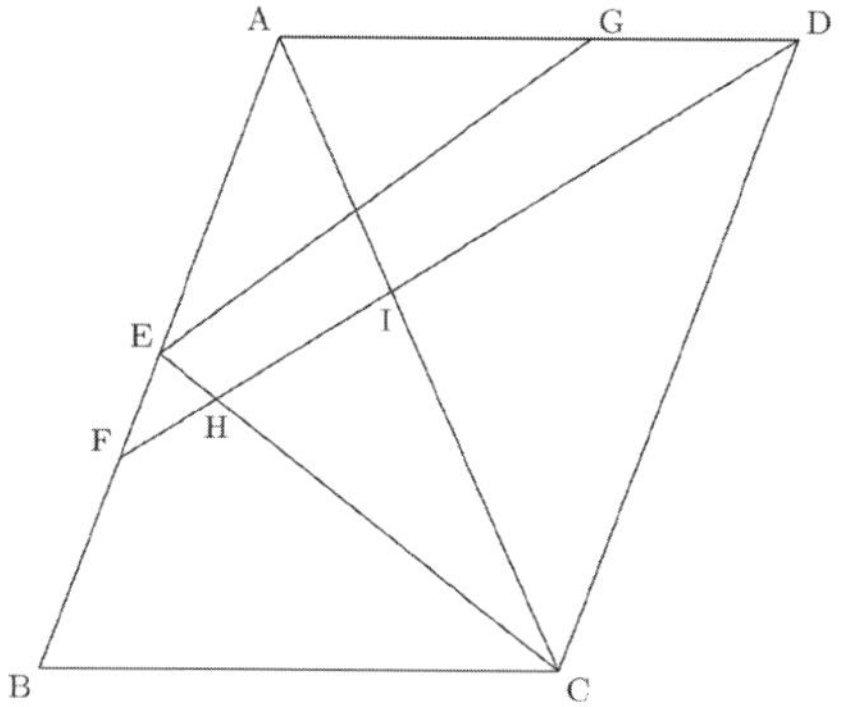

どういう感想をもったでしょうか。読者のほぼ全員が、
「同じような図形じゃない？　大丈夫？」
と感じたはずです。いえいえ、これがこの学校の入試の「校風」であり、入試問題として十分通用するレベルの問題となっています。

ここまで極端ではないにせよ、出題分野が毎年ほぼ変わらない学校はある程度あります。代表校としては、武蔵中の比と割合、桜蔭中の規則性、芝中のグラフなどでしょうか。ただ、こういった傾向と対策については、塾でも小6後半でやりますから、親のほうがそこまで心配しなくてもよいです。

例として出したこれらの図形問題ですが、小5の教材として必ず出てきます。小5である程度のことが出来ていれば、上位校レベルには対応できるということです。そういう意味で、小5の出来が受験全体の形を決めるといっても過言ではない訳です。

しっかりと子どもが各分野をマスターしているかどうか、子ども、先生、保護者と三位一体となって考えていく時期といえるでしょう。

第５章

☞小学６年生における算数学習のトリセツ

この章では、小学6年生の前半と後半に分けて、それぞれの時期のポイントを説明していきます。

☆前期のポイント

トリセツ その0、保護者が知るべき小6前半の学習の流れ

小5のところでも述べた通り、一般的な塾の場合、この時期は小5までで学習したことの復習になります。特に小5のころではマスターしにくかったと思われる典型問題を扱います。これで入試の標準問題に対応できるようにしていきます。

塾で行われる模試なども分野別にきちんと分かれていますので、どの分野が苦手なのかがおおむね分かるような形になっています。

その一方で上位校を目指す生徒に向けた特別講座が始まるのも、この時期です。隔週や月一回ほどの頻度で「○○中学入試特訓講座」みたいなものが開かれていると思います。

志望校で難問が出題されることが分かっている場合は、こういった機会を通じてじっくり自分で考える練習を積んでいくことになります。

「小5で出来た穴をうめることで標準問題に完全対応し、かつ難問に対応する思考力をつけよう」というのが、この時期の目標になります。

しかし現実にはそこまでうまくいくのでしょうか？　はっきり言えば難しいといえます。特に算数が苦手な子に対して、思考力を付けましょうなんてのは無理難題です。

適切なレベルで適切な量をこなさないと、子どもがパンクしてしまう可能性があります。このあたりの学習の仕方は、慎重にしていかないといけないのです。

トリセツ その一、算数が苦手な子や普通の子は、苦手分野をはっきりさせて、集中してやるべし

算数の模試の偏差値が50前後の子どもが対象です。

偏差値50というのは「真ん中付近」だから大丈夫というわけではなく、実はみんなが「同じところの知識に穴がある」ので真ん中になっているということなのです。その点を誤解

しないようにしましょう。

では、ここから成績を伸ばすための対策を述べますが、他に劇的な効果が望めるような方法があれば、多分本書をお手元に持っていないはずです。まずは、

「わが子が急にできるようになるわけない」

と考えましょう。長時間やっても効率が悪いですし、そのあたりは1週間のスケジュール表などで確認してみてください。

さて、小5から塾に入っている意味がここで活きてきます。苦手分野がはっきりとしてくるわけです。そして、今度は受験に必要な知識を一通り学んでいますから、色々な解法で考えることも可能になります。

まずは、算数全般が分野に限らず苦手という子どもの場合は、小5と同じく

一次方程式（特殊算・比・濃度）＞一次方程式（速さ）＞図形と比＝数と規則性＞場合の数

この優先度で復習していくといいでしょう。その際今までとは異なり、

「一次方程式（特殊算・比）の標準問題の正答率が7割をこえない場合は、他の分野に手

を出さないこと」を心がけてください。

入試の基礎となる分野なので、ここで点数がとれないとほかの分野に確実に影響がでます。ただし、あくまでも7割ですから達成は十分可能なはずです。

仮に参考書や問題集での学習で正答率7割をこえられなかった場合、もう一度同じ問題集を使う際は、出来なかった問題の正答率が65％になることを目標にします。

さらに正答できなかった場合、次は60％、…と5％ずつラインを下げていきましょう。上げるのではなく下げます（とはいえ50％が最低ラインですが）。

全ての問題が完璧にできる必要はありません。ある程度の穴を埋めれば、それだけでかなり偏差値があがるはずです。

ただし、1冊の問題集をひたすらやりこむだけというのも考えものです。小学生相手の場合は目先を変えることも必要です（答えの数字を丸暗記してしまい、興味を失う人もいるのです）。

ですから、問題集を何冊か購入することも検討してください。そういう意味では、塾の教材を「3回以上解きなおす」ようなことは、あまりおすすめしません。

一次方程式（特殊算・比）をクリアした後は、苦手と子どもが思っている分野を順番に復習していけばよいでしょう。

おすすめの問題集ですが、昔と違い今は色々な本があります。子どもが気に入ったものを選べばよいでしょう。また塾の先生がすすめたものでもよいかもしれません。

有名なものを挙げると、

「算数ベストチェック（みくに出版）」

「栗田哲也先生のスピードアップ算数〈基礎〉（文一総合出版）」

「算数　プラスワン問題集（東京出版）」

「中学入試 塾技100 算数（文英堂）」

などが一通りの分野をおさえていると思います。

ただ塾＋アルファのことをするのですから、塾の先生にも問題集や参考書を相談するとよいでしょう。子どもとレベルが乖離した本を購入せずにすみます。

さてこの辺りの「苦手」を埋める期間ですが、早ければ「夏の終わりまで」、遅くとも「夏の途中まで」を目標にしてください。

トリセツ その二、算数が得意な子は、難問の問題集をやるべし

算数の偏差値が60くらいの子どもが、さらに実力をつけようとするのはかなり難しいかもしれません。偏差値60を維持するだけでも相当な算数力が必要です。

とはいえ難関志望校はそういう受験生がたくさん集まるわけですから、どこかで差をつけなければいけません。ここで誤解しがちなのが、

「ケアレスミスを防ぐ練習を積めばよいのでは」

といった失点を防ぐ方に意識を向けてしまう点です。

もちろん一定の効果はありますが、それは実力を伸ばすことにはつながりません。その行為では思考力を鍛えることにならず、テストのテクニックに終始するだけです。こういったミスを防ぐ方法論を確立していくのは小6後半になります。

今の段階ではさらなる思考力を身につけることを心がけるべきです。その最後の機会が小6前半となります。具体的に何をすればよいでしょうか。

「自分の手を動かして、頭を働かせて、納得できる機会を増やす」

ことの繰り返しになります。同じ問題が被りなくでないような難問に対しては、公式などの丸暗記では対応できません。その場で頭を必死に働かせて、問題に対する性質なり規則なりを読み取るしかないのです。

そういう意味では、10分くらいの短い時間だけ考えて、解答を見て覚えたとしてもあまり意味がないです。標準的な問題をおさえている問題集は多いのですが、こういう思考力を鍛える問題集や参考書は、かなり少ないといえます。

自学自習で学ぶのであれば、以下の二つの本がおすすめとなるでしょう。

「栗田哲也先生のスピードアップ算数〈発展〉（文一総合出版）」

「中学への算数・月刊誌（東京出版）」

単に難問を解くのではなく、じっくり時間をかけて、すぐに解答を見ない修行もつんでいかないといけないわけですから、選ぶ問題集も難しいです。塾の先生に相談してみるのも一つの手かもしれません。

それとは別に学校別特訓が始まるところもあるでしょう。一般の塾ですと隔週もしくは月1での授業です。

小6前半の時期ですと過去問を時間内に解くというよりは、志望校の大まかな出題分野の把握とその分野の問題を解いていく形の授業スタイルが多いと思います。その授業で1日の大半をつぶしてしまうことを考えると、全体的に無理をして通うことのないようにしていってほしいです。

学校別特訓に関しては、「塾の先生がすすめたら」入るようにするとよいでしょう。同じ塾の中で志望校を目指す仲間がいる安心感は得られるはずです。

ただし実力があがるかどうかは、カリキュラムや講師の腕前によるところが大きいので、過度の期待はしないように。

トリセツ その三、この時期の模試は、分野別の復習材料にせよ

その0でも書いたように、この時期の模試は分野別になっています。塾で復習する→模試のサイクルです。そういう意味では、いわゆる外部受験をする必要はありません。

塾のおすすめする外部模試以外は、勉強のペースを乱す可能性があるので無理は禁物で

す。

算数だと、やはり分野ごとの得意苦手がはっきりします。正答率が7割の問題が解けているかどうか、難関校を目指す場合は、正答率が5割程度の問題が解けているかどうかの確認をすることになるでしょう。このあたりは小5と変わりません。

ただし、出来なかった分野に関しては、問題集を利用してすぐに復習を開始すべきです。その一や二を参考にして勉強をしてください。

また、模試の復習で思考力がつくかどうかは、問題によります。正答率が1割未満の問題でも、単に計算が面倒なだけのものも多く含まれています。

そういう意味で、模試の問題全てを復習し、完璧にならないといけないという感覚は持たなくてもよいです。これは算数が得意、苦手にかかわらずです。全部の復習は精神的にも肉体的にも負担がかかります。効率のよい復習を心がけてください。

トリセツ その四、小6前半で扱う入試問題（典型問題のオンパレード）

入試でどういった能力が問われるのか、二つのパターンを見てみましょう。

〈2020年／鎌倉学園3次〉

いわゆるn進法の問題です。必ず「小5」で学んでいる典型問題の一つです。こういう問題に対応するには、その場のひらめきよりも日ごろから典型問題を解いているか理解しているかが正答率に直結します。

逆に言えば、その分野を苦手にしたままの受験生と克服した受験生で大きな差が生まれます。典型問題を多く出してくるような志望校の場合、分野の穴を作らないようにするのが、小6前半の目標になります。

〔6〕図のように，図形の一部に斜線《しゃせん》を入れて，それぞれ数を表します。

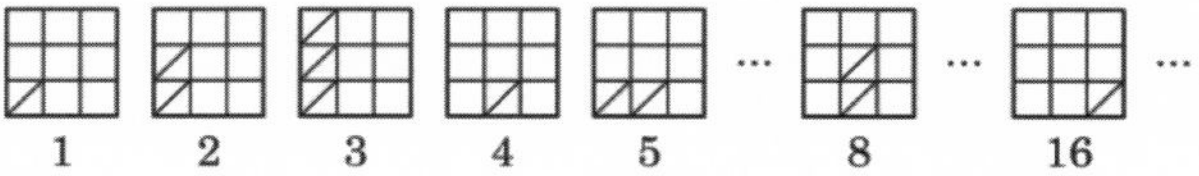

次の問いに答えなさい。

(1) 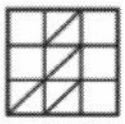 が表す数はいくつですか。

(2) 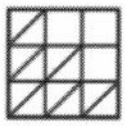 が表す数はいくつですか。

(3) 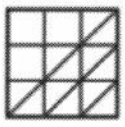 が表す数はいくつですか。

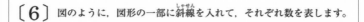

〈2020年／開成〉

超難関校と言われる開成中の問題です。大学入試共通テストの数学の問題が、いわゆる会話形式の出題だったので、そのあたりを意識して作った問題でしょう。

この問題を解くには典型問題のような一発で解ける解法はありません。色々な数で試して、規則を見つけていくという地道な作業とひらめきが必要です。

こういった問題に対応するには、答えが分からないからといっていきなり解答を見るのではなく、自分の頭で時間をかけてじっくり考える練習をそれこそ地道に積んでいくしかありません。

こういった入試を出題する代表といえば、関東ですと**筑駒**、**開成**、**麻布**、**栄光**、関西ですと**灘**、**東大寺**といった超難関男子中です。

そこを目指す場合は、この小6前半で、思考力をしっかり鍛えていくことになります。

あるクラスで、生徒全員から決まった金額を集めることになりました。そこで、学級委員の太郎君と花子さんは集めやすくするために次のようなルールを作りました。

ルール1　使えるお金は1円玉、5円王、10円玉、50円玉、100円玉、500円玉の6種類の硬貨とする。

ルール2　おつりの無いように持ってくる。

ルール3　硬貨は、1人につき10枚まで持ってくることができる。

（1）クラスの生徒40人から28円ずつ集めることにしました。

（ア）ルールに合うように28円を持ってくる方法は全部で何通りありますか。

（イ）集まったお金のうち、1円玉を数えたら165枚ありました。このとき、5円玉を1枚も縛ってこなかった生徒は何人ですか。

（2）このルールについて、太酪君と花子さんは次のようなやり取りをしています。空らん①～⑧にあてはまる数を答えなさい。

太郎「集める硬貨が多くなり過ぎないようなルールを決めたけど、このルールだと集められない金額ってあるよね。」

花子「たしかにそうね。例えば389円を用意するとしたら、ルール1とルール2を守れば、最低でも［①］枚の硬貨が必要だから、ルール3を守れないわね。」

太郎「このような金額ってどれくらいあるのかな。」

花子「そのうち一番低い金額は［②］円だとわかるけど、たくさんありそうね。」

太郎「49円までの金額を用意するのに必要な最低枚数の表を作ってみたよ。」

最低枚数（枚）	金額（円）	何通りか（通り）
1	1, 5, 10	3
2	2, 6, 11, 15, 20	8
3	3, 7, 12, 16, 21, 25, 30	7
4	4, 8, 13, 17, 22, 26, 31, 35, 40	9
5	…	③
6	…	④
7	…	⑤
8	…	⑥
9	49	1

花子「なるほど、この情報と50円玉、100円玉、500円玉の組み合わせを考えると、ルール1とルール2を守れば、ルール3を守れないものは、300円までの企額では［⑦］通りあり、1000円までの金額では［⑧］通りあるわね。」

太郎「次に集めるときはルールを考え直してみないといけないね.

☆後期のポイント

トリセツ その0、保護者が知るべき小6後半の学習の流れ

まずは、この時期についてはっきり述べておくことがあります。それは、**「小6後半から算数成績が劇的に変化することはない」**ということです。

塾の学習で知識をインプットする練習はもちろんあるのですが、小6前半に比べるとはるかに少なくなります。うまく知識をアウトプットするやり方を学ぶのが小6後半といえます。

成績が劇的に上がるということは、知識面での補強が出来たということです。しかしそれがこの時期だと、アウトプットの練習が十分ではないため、成績の安定という意味では不安が生じる形になります。

成績の「スランプ」という現象がおきるのは、単なる知識不足だけでなく、アウトプットの練習不足から起こるものなのです。

さて、この時期に塾や家庭でやることは、

- ・第一志望校、第二志望校の出題の傾向をつかむ（教わる）
- ・試験時間の感覚をつかむ
- ・模試の偏差値をできるだけ上の方で安定させる

の三つのポイントです。これらはこの小6後半から鍛えていきます。

また9月以降は過去問演習が中心になります。算数の位置付けは、試験時間内に合格点をとる能力を身に着けることが至上目標です。いわゆる「捨て問題」などを意識して試験のテクニックを磨くのがこの時期です。

逆に言えば、小6前半までは「捨て問題」は存在しません。小6前半までは知識の運用の仕方をスムーズにするために、ひたすら練習を積むのです。そして何が典型問題かを見抜く力を鍛えてから、この小6後半へとつなげるわけです。

そういう意味で過去問演習以外の家庭学習の時間を入れるのは、難しい状況になります。

一言でいえば時間がないのです。

そのあたりは1週間のスケジュールで確認してみるとよいでしょう。ということで限られた時間の中で、何が出来るのかを考えていきます。

トリセツ その一、算数が苦手な子は、第一志望・第二志望の出題分野をはっきりさせて、そこのみを集中してやるべし。(合格最低点－《マイナス》15)点を目標に

算数の模試の偏差値が50未満の子どもが対象です。つまり、小6前半までの段階で典型問題が解けていない子どもです。

この場合、塾の先生は「型にはめる」指導をすることになります。多くのパターンを覚えさせようとしてもそれが難しいのですから、出来る範囲で指導していくしかないのです。

ここでは、志望校などを担当の講師やアドバイザーに打ち明けて、どの分野を克服すべきかを明示してもらうのがよいでしょう。

やるべき分野を示されたあとは、小6前半と異なり、今まで使ってきた問題集や参考書、塾の教材から復習をします。現段階においては、新しい問題を改めて解くよりも、今までやった問題を改めてやることで「できる感覚」を養い、自信を持つようにするためです。偏差値50未満の子どもの場合、自信を失っていることが多いので、心理的な部分のフォローも埋めていく意味もあります。

ただし最初でも述べた通り、劇的な成績改善には期待せず応急処置的な点数が得られれば御の字としましょう。一つの分野をおさえただけでも、それなりの点数は取れますので。

トリセツ その二、算数が普通な子は、時間との闘いを克服せよ

算数の偏差値が50から60くらいの子どもが対象です。上位校を受験する場合はボーダーラインの子どもといってよいでしょう。ボーダーラインの場合、合否の差がつく場面は、間違いなく典型問題の正答率です。

1問でも多く解ける問題に手をつけて合格を目指す形になります。保護者がイメージする受験における点数の取り方といえます。

そのためには、日頃から時間を意識した問題への取り組みが重要になってきます。じっ

くり解くのではなく、素早く解く練習を積むことです。

例えば、第二志望や第三志望くらいの学校の過去問を5分から10分ほど試験時間を短めにして解く練習などが効果的です。

実際の受験本番だと緊張していつも通りの時間配分で解けないことの方が多いです。特に算数では、計算問題など出題される場合、どれくらいそこを素早く正確にクリアするかがカギになります。

まずは正答率を最初は気にせず、短い時間で過去問にアタックしていくことで、時間的な慣れを作り、そのあとで正答率を高めていけばいいでしょう。

また日頃扱っている塾の教材や問題集なども、ストップウォッチで時間を決めて勉強していくようにしていくと、より時間に対する意識が高まると思います。

トリセツ　その三、算数が得意な子は、時間の感覚をつかみながら、いつものペースで勉強すべし

偏差値60以上の子どもが対象です。はっきりいえばこの段階でうまくいっているので、塾の先生に任せて学習スケジュールを組んでいくとよいでしょう。

その二でも触れたような第二、第三志望校の「試験時間短縮演習」もやってみるのも効果的です。試験時間との闘い以外にも、思考力を鍛えるためにじっくり考える問題にも小6前半と同様にチャレンジしていくことも必要です。

ただ、この時期であれば大手塾の学校別特訓も本格化しますから、その復習をきちんとするだけでも十分です。

トリセツ　その四、小6後半で子どもが意識する志望校の出題傾向（を保護者も知ろう）

今までとは違い、学校の特色をとらえた入試対策の話をします。きちんとした塾であれ

ば、だいたいのことは、学校別特訓などで指導されますから、今更保護者から子どもにいう必要はありません。でもどういったことを学ぶのかを知っておいて損はないでしょう。

中学入試は大学入試と異なり、**算数では極端な出題分野の偏りや難易度の変調などが多く見られます。**

都内屈指の難関校、**開成中**の算数合格者平均点（85点満点）を例にしてみると、

２０２０年から順にさかのぼると、

49・5（２０２０年）、64・6（２０１９年）、73・9（２０１８年）

54・8（２０１７年）、53・7（２０１６年）、61・1（２０１５年）

のようになっています。

ここから読み取れることは、年によって難易度が大幅にかわっているということです。

２０１８年の場合、算数は標準的（上位受験生にとって）だったので、ミス一つが合否に直結するような試験だったのに対し、２０２０年では難化して算数が得意な人が差をつけることができた試験とみることができるわけです。

この場合の**開成**対策として一般的には、

「難易度が年によって変わるから全部の問題をきちんと読んで、難しいか簡単かを判断してから解いていくべし」

のように指導されます。

だから難しい学校といわれる中学校一つを見ても、難しい問題が解ければ合格できるという簡単なメカニズムにはなっていないわけです。そのあたりを保護者は誤解しがちですので気を付けましょう。

とはいえ塾の説明会などでそのあたりの話は出てくるので、そこまで心配はしなくてよいでしょう。

それでは次に、やはり屈指の難関校である**女子学院**をとりあげてみます。

この学校は、試験時間40分（短め）、問題の難易度も控えめで時々難しい問題も出るといった感じの学校です。しかし解答数はそれなりに多いです。

この学校の対策としては、**「スピード」「正確性」「捨て問題取捨選択の観察眼」**があげられます。学校別特訓では、一行問題を含めスピードアップをはかる練習をつんでいきます。

なので時間制限を意識した勉強が受験時に効果を発揮するわけです。

このあたり全てを保護者が把握する必要はありません。中学受験の算数対策といってもひたすら問題を解いていればいいわけではなく、大学入試と大幅に異なり、受験校に応じた対策を個別にとらないといけないことをわかっていれば十分です。

そういう意味では、第二志望や第三志望の学校の対策は、第一志望の対策とは異なる可能性もあります。そこで間違いが発生しないように、きちんと塾の講師に相談して正しい対策の練り方を子どもと一緒に学んでいってほしいと思います。

第6章

☞入試直前期の

トリセツ

この章では、9月以降の過去問の進め方を含め、入試直前期の注意点についてお話しします。特に、実際に過去問を始めると、とかく点数の上下や合格者最低点に達したか否かばかり気にする受験生は多く見られます。

たしかに、点数は分かりやすい指標ですし、過去問演習で点数が上がっていくことは受験勉強へのモチベーションを高めてくれます。しかし、点数を出して一喜一憂で終わりでは、過去問演習の効果が半減します。過去問を解く意義や効果的な取り組み方を知ったうえで、志望校への道を拓きましょう。

トリセツ❶ 過去問は「適応」するために解く

まず、大前提として、志望校の過去問演習の目的を保護者の方と受験生とで共有しましょう。志望校の過去問を解くのは「入試問題の時間感覚と難易度・傾向に適応する」ためです。

つまり、受験生が**「自分は今こういう問題が解けない」「これぐらいの時間配分で解く必要がある」「あとこれぐらいの問題が解ければ受かる」**というイメージを持てればよいのです。したがって、初めのうちは点数が取れないことを気にする必要はありません。

数年分の過去問を解く中で、合格点と自分の点数との差分を埋めていくことが重要です。もちろん、志望校の入試問題に適応するためには、ある程度の回数を演習することが必要です。一度や二度で第一志望校の問題で合格点を取ることは難しいですし、音楽やスポーツと同じように、本番で力を十分に発揮するためには、相応の練習量が必要だからです。

では、いつから過去問演習を始めれば入試に間に合うのか？　どれぐらいの量を演習すべきなのか？　また、どのように取り組むのが有効なのか？　こうした疑問について、以下でお話ししていきます。

トリセツ❷ 過去問は9月から始める

志望校の過去問に取り組み始めるタイミングは、塾や講師により異なることがあります。カリキュラムの消化状況や個々の受験生の状況にもよりますから、１００パーセントこうでなければならない、ということはありません。

ここでは、一般的な状況として「夏休みに全科目総復習が一旦終わっている」状態を想定しておきます。

夏休みに一通り学習を終えたら、まずは第一志望の比較的古い過去問を1年分解いてみてください。このとき、合格者平均点どころか合格者最低点にも届かず、その半分ほどの点数しかとれないこともあります。

しかし、これは普通のことです。夏休みで一通り復習したとしても、全てが「定着」しているわけではありませんし、初めて解くわけですから時間内に解き終わらないのは当然です。ですから、9月に第一志望の過去問を解くのは、**「現時点で合格点までどれぐらい差があり、残り4ヵ月でどこまで詰めればよいのか」**を知るためです。

入試本番まで残り時間が長い方がその差分を埋められるわけですから、第一志望の過去問を11月から始めるのは遅すぎるのです。第一志望の過去問を10年分解くと考えれば、週に1年分解いていっても2ヵ月半もかかります。

また、模試や学校行事で十分な演習時間を取れない時もあるでしょう。十分に取り組めない時間があることを想定し、バッファを取る意味でも、9月からの演習計画を立てることをおすすめします（何年分解くべきかについては後述します）。

注意点としては、過去問を解く前に**「初見だから点数がボロボロで当たり前」**という認識を、受験生と保護者の方とで共有することです。特に保護者の方はこの認識を忘れないでください。

点数が取れないと思って解いていても、いざ低い点数が出れば受験生は落ち込みます。このとき、保護者の方も慌ててしまうと、受験生も不安が増します。

保護者の方が冷静に**「練習だから大丈夫」「この問題ができれば合格点に届く」**と声をかけてあげましょう。それが難しいときは、ぜひ塾や講師に頼ってください。

トリセツ❸ どの学校の問題をどれぐらい解くべきか

前述の通り、**まずは第一志望校の過去問を1年分解きましょう。**時間感覚と難易度を体感し、各科目で注力すべき分野・問題を把握します。第一志望はなるべく10年分を揃えましょう。

複数回受験を行う学校であれば、第2回や第3回入試の問題も1年分にカウントして大丈夫です。受験生が一番行きたい学校の問題に適応することを考えれば、最低でも5年分は解くべきです。1週間か2週間に1年分は解く配分にすると、うまく問題に適応できるでしょう。

また、第一志望の問題を解くことは、受験生にとって大きなモチベーションとなります。ですから、第一志望の問題に触れない期間を出来るだけ少なくすることで、モチベーションの維持にもつながります。

また、**同時に第二志望以下の学校の問題も解いていく必要があります。**受験校が少ない方でも、3校~4校はあるかと思います。もちろん、これらの学校の問題を10年分も解く必要はありません（第一志望が二つある場合は除いて）。

ではどれぐらい解くべきかというと、第二志望は最新5年分、第三志望は最新3年分が目安です。後述しますが、1月の事前校（本番前に入試に慣れるために受験する学校）については基本的に不要です。

もちろん、受験校が多く、特に第三志望以下を全て3年分解くことが難しい場合もあります。第三志望以下を解きすぎたせいで第一志望に手が回らないというのは本末転倒ですから、ある程度の目安が必要です。

これは、「2回連続で合格者平均点を超える」ことをイメージしてください。入試では、毎年全く同じ範囲・同じ分野が出題されることは稀です。したがって、一度合格点を取れても、出題分野が変わると合格点に届かない場合もあります。

逆に2回連続＝異なる分野の出題でも合格点を取れるのであれば、本番の入試でも同様の結果が期待できるわけです。ですから、志望校が多く、第三志望以下に時間を割きにくい場合は、このような判断基準を参考にしていただければと思います。

トリセツ❹ どんな順番で解くべきか

よく保護者の方に尋ねられる質問に、「過去問は古い方からやるのか、新しい方からやるのか」というものがあります。基本的には、古い年度から始めましょう。

特に第一志望については、ある程度の年数を解いて適応することを考えると、できるだけ古い年度から始め、少しずつ適応してから最新年度で腕試し、という流れが受験生のモチベーションにもつながるでしょう。

また、学校によっては、10年前の問題と現在の問題が全く異なる場合もあります。

例えば男子校の**芝中学**は、国語の問題がある年を境にガラッと形式が変わり、記述重視となりました。これは極端だとしても、やはり入試問題は年数を経るごとに徐々に変化していくことがほとんどです。

過去問演習は受験生が本番で解く形式に近い方がいいわけですから、**古いものから始め、「ああ、こういう風に問題が変わってきたのか」と実感しましょう。**

逆に、第二志望・第三志望以下については、最新の3年～5年分が目安です。ですから、7年前や10年前まで遡ることはせず、最新の3年～5年分で合格者平均点に到達すればそれでよしです。

5年分解いても合格者平均点ギリギリで不安があれば、そこから過去の年度を解いていけばよいと思います。

トリセツ❺ 過去問演習の取り組み方

では、以上のことを前提に、過去問の取り組み手順を見ていきましょう。繰り返しになりますが、目的は過去問に「適応」することです。

どのように取り組めば力がつき、点数を上げていけるのか、やや細かいですが、ぜひ参考になさってください。

①問題用紙・解答用紙ともに、断裁するかコピーする

入試本番の問題用紙は、過去問集のような厚い本ではありません。できるだけ本番に近づけるため、印刷したプリントを使い、**問題用紙および解答用紙の大きさも本番と同じ大きさにしましょう**（倍率は過去問集付属の解答用紙に掲載されています）。

また、本番の問題用紙には「余白」が多くとられています。特に算数では計算の余白が大きくとられていることも少なくありませんし、国語の記述問題の下書き用のマス目が用意されていることもあります。

ですから、その形に近づけようとするならば、裏紙やまっさらな紙を用意しましょう。過去問集に直接書き込みをすると大変見づらくなりますから、ミスを生む原因となります。

②制限時間と無制限で解く

解答時はもちろん、本番と全く同じ時間で挑みます。途中で飲食や休憩はもってのほか、トイレも演習前に済ませましょう。「普段とは違う」状態をつくり、真剣勝負の感覚を持たせることが大事です。まずは制限時間の中で全力で挑み、現状の力でどこまで点数を取れるかを測ります。

いったん時間内の演習が終わったら、解き終わっていない問題を時間無制限で解いてみましょう。目的は、空欄の問題が**「時間があれば解けたのか」「時間に関係なく解けなかったのか」**を明らかにするためです。

この際、時間内で解いた答案と時間無制限で解いた答案とでの得点の差異を明らかにするため、例えば制限時間を過ぎたら青ペンに持ち替えて解くなどの工夫をすると分かりやすいです。

③問題と答案を振り返る

時間無制限で解いた後、マルつけをします。記述問題の判断は受験生には難しいでしょうから、指導者の添削を受けるのがよいと思います。概して受験生本人が採点をすると、

「大体合っているからマルだろう」「模範解答と違うからバツだろう」というように、極端な採点になりがちです。

記述以外の採点を終えたら、答案と解答・解説と照らし合わせ、「これは解けたはずだ」という問題について、もう一度解いたりミスをした原因について言葉にしてみましょう。例えば**「計算を雑に書き数字を見間違えたから、次から丁寧に書く」「時間が迫って問題文を読み落としてしまったから、次は時間配分を意識して解く」**など、反省点として書くことをおすすめします。

塾によっては、過去問の得点一覧をつくったり、過去問ノートをつくらせたりします。こういった「記録に残せるもの」に書くことで、受験生本人が改善点を言語化し、書いた言葉として自分で認識できるようになるのです。

その後、点数を出してみます。記述問題がなければ合格者平均点や合格者最低点と比較することができます。この際、合格者平均点を超えていれば、あまり心配することはありません。先述のような反省が行えていれば十分です。

ただ、第一志望についてはなかなか合格者平均点に到達できないこともあるかと思います。この場合、全ての問題について反省を行おうとすると時間がかかりますし、難易度的に厳しいものもあるでしょう。

入試は全ての問題を解かなければいけない試験ではありませんから、できなかった問題の中で、**「合格者平均点に到達するためにこの問題なら解けそうだ」**という問題に絞って解き直しをしましょう。苦手科目であれば合格者最低点が目標です。

これにより、**「自分はこの学校のこういう問題は解ける」「この問題は相性が悪いから飛ばしておこう」**といった判断が出来るようになれば、本番でも落ち着いて対処できるようになります。

つまり、合格者平均点と自分の答案を比較し、その差分を埋める意識で取り組むのです。

④毎週取り組む

以上の手順を、毎週繰り返します。週にやったりやらなかったりでは勉強のリズムがつくれませんし、せっかく過去問演習で得た教訓を忘れてしまうからです。

もちろん、模試や学校行事がある週に取り組めないのは仕方がないことです。そうした予定があらかじめ分かっている場合は、余白を残した学習計画を立てておきましょう（だからこそ、9月から過去問を取り組むべきなのです）。

目安は1週間に2本（2年分）です。第一志望と第二志望、第一志望と第三志望というように、異なる学校の問題を組み合わせると、ムラなく進められます。

過去問演習にはまとまった時間が必要ですから、塾の宿題をやる時間等の1週間のスケジュールを決めるとよいでしょう。

⑤過去問を解きつくしたら？

稀にではありますが、「もう解く過去問がないのですがどうすればいいですか？」と質問を受けることがあります。この質問に答えるのは難しいです。それは、科目の特性や受験生の得点状況にもよるからです。

例えば、算数であれば、2ヵ月前に解いた問題をもう一度解くのは効果的かもしれません。答えの数値は忘れているでしょうし、解き方を何となく覚えていたとしても、それを再現することには意味があります。

社会や理科でも、暗記事項の確認など同様の効果が見込めますが、時間感覚に適応することはできません。特に国語は同じ文章を読むわけですから、時間感覚が全く異なります。ですから、単純に一度解いた問題をもう一度解くことはあまりおすすめできません。もちろん、解いてから時間が経っていて、設問等もほぼ忘れている場合は効果的です（逆に一度解いた過去問の内容を忘れているというのもどうかと思いますが…）。

ですので、出題形式・難易度が一定している学校であれば、**古い年度を手に入れて演習する**のがよいと思います。塾にあるものを借りられればそれでよいですし、なければインターネット上や古本屋で探してみるのもよいでしょう。

逆に形式・難易度が大幅に変わってしまった学校については、出題の似ている学校の問題を解くのがよいと思います。この場合、保護者の方や受験生では判断がつかないことが多いですから、必ず指導者に相談をしてください。

やみくもに年数を重ねても、現在の志望校の問題と合っていなければ、効果は見込めないからです。この点は、よくご注意いただきたいと思います。

トリセツ ❻ 直前期の注意点

ここでは、過去問を消化し、受験プランも確定し、後は試験会場で受けるだけという直前期の過ごし方についてお話しします。特に**12月〜1月について、時系列に沿って**あげていきます。

①模試の偏差値より過去問

11月〜12月初旬で受験校（志望校ではなく）とプランを決めたら、それらはもう変えない方がよいです。稀に「12月の模試の成績がよくなかったから第一志望を変えた方がよいか」と相談を受ける場合があります。

しかしこれはおすすめしません。もし変えるとすると、過去問演習等の準備が間に合いませんし、それまで過去問演習で適応してきた経験値を捨てることになるからです。これは第一志望だけでなく、第二志望以下についても同様です。

もちろん、模試の成績はどうしても気になりますから弱気になってしまうのも分かります。しかし、直前期はむしろ「過去問にどれだけ適応しているか」を見た方がよいでしょう。

模試の問題は最大公約数的な出題ですから、分かるのは受験生全体の中での立ち位置であって、「行きたい学校」の問題でどれぐらい点数が取れるかという目安にはなりません。また、「模試は関係ない。自分はあの学校に受かる」という強い気持ちが、試験本番残り5分での粘りを生みます。ですから、第三志望以下の学校で合格者平均点を取れているのなら受験プランを決めた後に受けた模試の成績は一切気にせず、受験校の過去問研究を進めましょう。

②塾も学校も休まない

1月、学校を休み家で過去問演習や苦手科目の学習を進めたいという受験生がいます。これはおすすめできないどころか害がある場合が多いですから、止めた方がいいと思います。

理由は複数あります。たとえば、1日中家にいてもダレてしまい、期待するほど勉強は進まないことが多いです。そんな姿を見ている保護者の方がピリピリし、ストレスを溜めて受験生を叱ってしまう、すると受験前なのに受験生のやる気がなくなり、また保護者の方が爆発し…。これは負の連鎖です。

あるいは、学校の先生や友達との人間関係がギクシャクしてしまうこともあります。つまり、直前期に生活リズムが一定に保たれないために、心身ともに不調となることです。試験本番で実力が発揮できないというのは、後々まで引きずることとなってしまいます。

受験生も、塾・学校・家庭のそれぞれでモードを変えて過ごしていくことがよいのではないでしょうか。**塾では受験生として真剣に学習し、学校では小学生として元気に過ごし、ご家庭では勉強の後に子どもとして家族と過ごす。**

受験勉強を通して続けてきたこのリズムを、最後まで続けることをおすすめします。

③安全な「事前校」を1校受ける

2月の志望校の前に、「入試に慣れる・受かる感覚を知る」意味で受験する学校を「事前校」と呼びます。第二志望・第三志望と異なり、通ってもいい学校ではありません。

文字通り入試を体感し、一つ合格を取り気分よく2月に臨むための受験ですから、難しい学校を受ける必要はありません。受験生の偏差値マイナス10ぐらいまでの学校を受けるとよいでしょう。

もちろん、1月受験の学校で通いたい学校がある場合なら、それ以前に事前校を受験するのをおすすめします。早いと1月7日～10日あたりから始まります。

注意点としては、「模試ではない」ということです。つまり、合否ラインぎりぎりの学校を力試しの意味で受け、それにより受験校を変えるというものではないということです。仮に通うつもりでないとしても、「不合格」が与えるダメージは想像以上に大きいものです。特に年齢が低いほど、精神状態と学力は直結しがちです。

ですから、**あくまで2月の受験をスムーズに迎えるための受験であるということを踏まえ、「ほぼ100パーセント受かる」学校を受けていきましょう。**

第7章

志望校選びのトリセツ

この章では、受験校をどのように固めていくかをお話ししていきます。項目ごとに、時系列をイメージしながら読み進めていただければと思います。

トリセツ 第一志望は子どもが選ぶ

中学受験をするうえでの大前提は、「**お子さんが通いたいと思う学校を受験する**」ことです。やはりお子さん自身が強く「行きたい」と思う学校でないと、やる気も受験前の踏ん張りも違ってきます。

できれば4年生や5年生のうちから、学校見学や説明会、文化祭に足を運ぶのが一番です。お子さんが「ここがいい」と言った学校が第一志望です。

子どもは「なぜその学校がいいのか」を説明できずとも、子どもながらに学校の空気を肌で感じるものです。

また、模試の成績によって志望校を変えたり、挑戦校を変えたりするという選択は、小6の夏以降でよいでしょう。後述しますが、小6の夏は全科目を一気に復習する時期です。ここでの頑張りが第一志望合格に直結すると言っても過言ではありません。

強く「行きたい」と思う中学があるからこそ、長時間の勉強も効果が出ます。また、我々講師も、この復習を終えたうえでの成績を見て、お子さんの合格可能性を占います
第一志望を再考するとしても、早々と可能性を捨てるのは得策ではないと思います。逆に、**第一志望は小6の夏までには決めておきたいところ**です。

トリセツ 「通いたい学校」と「通ってもいい学校」

第一志望が決まったら、次は併願選びです。毎年ほとんどの保護者が悩まれるところだと思います。進路面談等でよく伺うのは「第一志望の○○中学以外に行きたいところがない」「どうやって併願を選べばよいのか分からない」というものです。

ここでは主にこの二つの疑問にお答えする形で、併願選びについてお話しします。

まず「第一志望以外に行きたい中学がない」というものですが、これは問いを変えて「どの中学だったら行ってもよいか」という視点で探すとよいと思います。

お子さんに「第一志望以外だったらどの学校に行きたい?」と聞くのではなく、「説明

会で行った○○っていう学校に通うとしたら大丈夫?」と聞いてみましょう。

お子さんが嫌がるようなら無理に通わせない方がよいですし、抵抗がないのであれば併願校として考えよいと思います。保護者の方も、実際に学校へ足を運んだ際に、その学校へ通うお子さんを想像し、お子さんを預けて大丈夫だと感じられる学校なら、併願校として選びましょう。

次に**「どうやって併願校を選べばよいか」**についてです。漠然と「どこにしようか」と考えると私立中学の多さに圧倒されてしまいますから、これも問いを変えてみます。

例えば「男子校でいいか、共学か」「通学は1時間以上か以内か」「大学附属か進学校か」「規律正しいか自由なのか」というように、譲れない条件を二分法で選択をしていき、そのうえで偏差値を見るという具合です。

以前、「絶対にプール(水泳の授業)がない学校がいい」と言い、受験校は全て体育のカリキュラムまでチェックするという徹底したお子さんがいました(笑)。これは極端な例だとしても、「何を求めているのか・何が嫌なのか」を明確にすることで、併願校選びも迷わなくなります。

以上の考え方で、**小6の夏までに併願校をいくつかピックアップしておきます。**ご家庭内でよく話し合ってください。保護者の方とお子さんとが同じ方向を向いていないと、受験プランもおかしなことになります。

最終的に納得のいく受験にするために、本音で語り合うことが必要です。

また、多くの進学塾では小6の6月〜7月に第1回の進路面談があります。その場で、ピックアップした候補を塾の講師と相談するのがよいと思います。

そこでは併願校選びと夏の学習についてアドバイスをもらえるはずですから、少しでも疑問に思うことは必ず講師にも相談してください。そして面談での話をお子さんに伝え、夏に頑張ってもらいましょう。

トリセツ 偏差値の見方と併願校のプランニング

さて、候補が出そろい、説明会や見学に行き、小6の夏が終わると、いよいよ受験プランを決めていきます。模試での偏差値を見ながらプランニングをしましょう。

基本的に、塾や模試の業者が出す偏差値は、合格の指標としてある程度の信ぴょう性があります。**第一志望はお子さんの偏差値よりも高いことが多いですから、いわゆるチャレンジ校となるでしょう。**稀に、全てチャレンジ校を受験し不合格なら地元の公立中へ進学するというご家庭もありますが、おすすめはしません。必ずどこかから合格をとって中学受験を終わりたいものです。

仮に抑えの学校が唯一の合格で、公立へ進学するとしても、「ここまでのレベルは受かった」という自信と「次はあのレベルを目指そう」という目標を持って、次のステージに進んでほしいのです。だからこそ、少なくとも1校は合格をとれる、安全性を確保した併願プランを組んでいただきたいのです。

その前提で、**お子さんの偏差値とほぼ同じレベルの実力相応校、お子さんの偏差値からマイナス5程度の抑え校を選んでいきます。**講師としての経験からすると、9月〜11月の模試の成績（偏差値）の平均を取り、平均値マイナス5の偏差値の学校には、おおむね受かっています。もちろん相性はありますが、偏差値マイナス5以上で、かつ過去問の点数が2回連続で合格点を超えていればほぼ合格します。

偏差値のイメージができたら、塾や模試で手に入れる受験カレンダーを見ていきます。

東京・神奈川であれば2月1日から入試が始まります。

先ほどお話ししたように、チャレンジ校、実力相応校、抑え校をすべて含めるように組むのが理想ですが、2月に受けたい学校が集中していた場合、**1月に入試を行う千葉県や埼玉県の学校で抑え校を置く**というのも一手です。

特に2月1日が第一志望校だった場合、人生初の入試が第一志望という緊張を抱えたまま受験することになりますから、**1月校で合格をとり、調子を上げて第一志望に臨む**のが良いと思います。

トリセツ ケーススタディ

それでは、以上の観点を踏まえた上で、実際に併願を組んでみましょう。なお、偏差値は**四谷大塚**の合不合判定テストの80偏差値を利用します。

これは「この偏差値なら合格可能性80％」という意味ですから、併願校を選ぶには最適です。第一志望であれば50偏差値（この偏差値なら合格可能性50％という偏差値）でも大丈夫です。これら二つの偏差値表はホームページで公開されているので、あわせてご覧いただければ幸いです。

〈ケース1〉偏差値60男子　男子校志望　第一志望：海城

1/10　城北埼玉（特待）or 1/23　芝浦工大柏
2/1　午前…海城（1回目）午後…都市大附属（2回目Ⅰ類）
2/2　高輪（B日程）or 城北　算数が得意であれば午後の高輪（算数受験）
2/3　海城（2回目）
2/4　高輪Bが合格なら城北（3回目）　不合格なら高輪（C日程）
2/5　成城（3回目）

このプランに限らず、偏差値がジグザグに上下するように組むことが重要です。

第一志望群を受け続けるのは精神的にもハードですから、第一志望と抑えめの学校を交互に配置し、2/2の学校で合格を勝ち取り2/3の第一志望に再チャレンジできるようにしてあります。もちろん、2/1の海城が合格なら、結果を確認した時点で受験は終了です。

海城が第一志望であるならば、2／1と2／3の午前は海城で確定です。

また、2／1が第一志望なので、1月に腕試しとしての受験をした方がいいでしょう。この受験生の場合、2／1の段階で「1校受かっている」ことが精神的に大事ですから、1月校は確実に合格する男子校を選んでいます。

もしこれらの中学に通ってもいいということであれば、2／1の都市大は受験せず2月は受けたいところを受け倒してもよいと思います。

2／2と2／4は海城よりも抑えめの学校で、かつ男子校の進学校となるとこの辺りでしょう。2／2は好みになりますが、都市大附属の結果を見てから決めても大丈夫です（都市大付属は当日にWEB上で合否発表）。

2／5の成城は、2月校のラインナップの中では最も抑えめの学校です。この日までに2月校で合格がない場合は、最後に「受かった」という感触で受験を終えてほしいと思います。

〈ケース2〉 偏差値60女子 女子校志望 第一志望：鷗友

1／10 開智 or 1／13 淑徳与野
2／1 午前…鷗友（1回目）
2／2 午前…大妻（2回目） 午後…普連土学園（2回目）
2／3 鷗友（2回目）
2／4 普連土が合格なら吉祥女子（3回目） 不合格なら普連土（3回目）
2／5 大妻（4回目）

ケース1の受験生と同様に、2／1の前に1月校を入れました。

開智は先端コースでなければ、安全に合格しますし、淑徳与野は良い試金石になります。淑徳与野に合格するのであれば、鷗友合格はかなり見込めます。

万が一不合格でも、その原因を確かめ修正する時間はたっぷりあります。

このプランの場合は2／2に抑えの大妻を入れていますから、1月校の後は2／2のことを気にせず、第一志望の鷗友対策に時間をかけられます。

また、鷗友・普連土ともに記述の出題量が多いですから、過去問演習の相性も良いでしょう。先ほどのケースのように、2／5は確実性を求めて大妻にしています。

やや脱線しますが、**女子の入試に関しては男子以上に抑え校を設定することが大事です。**というのも、女子は高校受験にまわった場合、選べる学校の数が格段に減少します。つまり、高校からの生徒募集をしていない私立一貫校が多いのです。

したがって、「どうしても女子校に行きたい」「6年間をゆったりと過ごしてほしい」場合は、多少偏差値を落としても必ず抑え校をつくってください。

〈ケース3〉　偏差値55男子　付属校志望　第一志望：明大中野

2／1　成蹊 or 成城学園
2／2　午前…明大中野　午後…國學院久我山（2回目）
2／3　午前…法政大学（2回目）or 学習院（2回目）
（午後…ここまで不合格なら日大豊山）
2／4　午前…明大中野
2／5　午前…法政大学（3回目）　午後…明大中野八王子（B日程）

正直に申し上げれば、男女問わず近年の付属校人気は異常です。

中学受験で偏差値50を取れていれば、大学受験でマーチはもちろん、早慶も十分狙えます。しっかり準備していれば、旧帝大も視野に入ってくるでしょう。

しかし、例えば2／2の明大中野の偏差値は59です。もちろん、付属校には学歴以上の魅力があります。大学受験に追われず、中高6年間を過ごせることは、大きなメリットでしょう。勉強以外の、近年でいえばプログラミングなどの学習に重きを置けるのはとても素晴らしいことだと思います。

少し前置きが長くなってしまいました。要するに、付属校人気が過熱しているため、付属を志望している方の併願は難しいと申し上げたかったのです。

さて、明大中野を第一志望とするなら、2／2午前と2／4は明大中野で決まりです。第一志望が2／2なので、2／1を抑え校にできます。

成蹊か成城学園であれば、偏差値的にもギリギリ抑え校です。ちなみに、成城学園であれば当日にWEBで発表ですから、もし成城学園に合格し、通ってもよいのであれば、2／2は國學院久我山を受けず、MARCH付属校へのチャレンジを続けるという選択肢も取れます。

2／3の法政と学習院は悩みどころです。どちらにより行きたいか、という観点で好きな方を選んでもよいと思いますし、過去問を2年〜3年分ほど解き、より相性の良い方を受けるというのもありです。

ここまででお気づきの方もいらっしゃるでしょうが、いわゆる「滑り止め」がやや心もとないです。先に申した通り、付属校人気が過熱しており、MARCH付属校の偏差値が軒並み上がっているためです。

そこで、2／3までに一つも合格がない場合のみ、2／3午後に日大豊山を入れてあります。

また、中学→高校を経て「出口」としての大学をどこに設定するかも非常に大事です。どうしてもMARCH以上の大学に入れたいのであれば、日大豊山はやめて、2／1も世田谷学園などの進学校を入れ、大学受験でのリベンジを狙うべきですし、付属で過ごすことを優先し日東駒専のレベルで抑えるという考え方もできます。

最終的にお子さんがどの大学に通わせたか、よくご家庭内でお話しください。このケースでは男子の受験生を想定していますが、女子でも考え方は基本的に同じです。

〈ケース4〉偏差値50女子 女子校志望 第一志望：大妻

1／10 埼玉栄 or 西武文理
2／1 午前…大妻 午後…山脇学園（二科）
2／2 午前…大妻（2回目） 午後…山脇が合格なら東京女学館
不合格なら江戸川女子
2／3 大妻（3回目）
2／4 ここまで合格があれば普連土学園 なければ光塩女子学院（3回目）
2／5 大妻（4回目）

2／1が第一志望なので、1月校は受かる学校を入れました。

この受験生のように第一志望がかなりの回数入試を行う場合は、午後入試をフル活用します。第一志望はあくまでも変えずに全て受験をするのであれば、午後入試で抑えの学校と通ってもいい学校を両方ピックアップします。

この場合、2／1の山脇から始まり、合格なら偏差値の高い学校へと上げていき、不合格ならさらに抑えめの学校にするという具合です。このように組むことで、仮に第一志望校不合格が続いたとしても、最後の大妻まで「受かる学校はある」という希望をもって臨めます。

我々大人が想像する以上に、子どもの精神状態は入試結果に影響します。

第一志望を受ける際に「緊張しているけど自分は1校受かっているから大丈夫だ」という強い気持ちをもって臨む方が良い結果が出ます。たとえ抑えであっても、「合格した」という事実が一番の支えになりますから、「第一志望を一番いい状態で受ける」ようなプランニングを、塾や講師と相談しながら決めるのが良いと思います。

第8章

国語のトリセツ

☞最新入試問題に見る受験国語の本質

この章では、2020年に**豊島岡学園女子**で出題された問題を解説しながら、受験国語がどのようなものなのかを明らかにしていきますので、よろしくお願いいたします。

トリセツ 平均点を下げるための高難度問題!?

結論を先取りすれば、受験の国語は、問題の解き方に基づいて、答えを探していく科目だと考えています。というのも、入試で出題される文章はとても難解です。受験生が普通に読める文章を出題すると、平均点がかなり高くなってしまい、テストとして成立しなくなります。したがって、平均点を下げるために、受験生の理解が及ばない高難易度の文章が出題されるということです。

これは受験国語の「構造」「本質」とでも言うべきもので、これに逆らうのはかなり無理のある話なのです。つまり、文章自体をきちんと読めるように指導していったとしても、そもそも読める文章は出題されないのだから、その努力は報われないということです。

もちろん例外はあります。サピックスで偏差値60以上、四谷大塚・日能研で偏差値65以上を安定的にとっていて、さらに上を目指す方には私も本文の解説をします。ただ、さすがにレアケースですから、ここでは省略します。

だからこそ我々は、問題の解き方にフォーカスを当て、とにかく答えを導く訓練をしていかなければなりません。幸か不幸か、一般的な入試問題は記述であっても選択肢であっても答えが本文中に書かれているものです。ゆえに、解き方にしたがって答えにあたるところを文章中から見つけていくという対応が可能になるのです。

それでは、実際の入試問題を解きながら、解き方に基づいて答えを探すという対応が可能なのか、そもそも解き方とはどのようなものかをご紹介していきます。

なお、扱うのは２０２０年度に出題された豊島岡学園女子の大問二ですが、全問を解説するのは（お互いに）大変だと思います。

代表的なアプローチで対処し、かつ比較的解きやすい問題である**問三・九**、記述問題である**問八**の三問に絞ってお話しして参ります。

ここで解きやすい選択肢の問題を選んだ意図ですが、多くの学校において、合格ラインは6~7割です。そして大抵は難関校であっても解きやすい問題を漏れなく得点していけば、そのラインに到達します。

したがって、重要度が高いのは解きやすい問題であるということになります。だからこそ、そのような問題を選んだということです。

保護者様を相手に恐縮ですが、まずは文章をお読みいただき、そのうえで解説をご覧いただければ幸いです。なお、豊島岡は難関校でありますが、入試問題の難易度自体は標準的です。とはいえ、先に申した通り、中学受験自体が難解な文章を出題する構造になっています。

この問題を通して、中学受験の標準が意外と高いこと、だからこそ解き方に着目したアプローチが必要であること、そしてその解き方がどのようなものなのかといったことを感じていただければと思っております。

◇次の文章を読んで、後の一から九までの各問いに答えなさい。
（ただし、字数指定のある問いはすべて句読点・記号も一字とする）

青海学院高校の放送部は高校一年生の宮本正也以下三名の活躍で、ＪＢＫ[*1]の主催するコンクールで、ドラマ部門において全国大会出場が決まり、東京のＪＢＫホールで作品が放送されることになった。

しかし学校の決まりで、東京に行けるのは一部門につき五人までとなっている。高校三年生は最後のチャンスであり、五人全員で東京に行けるものとはしゃいでいる。僕は三年生の様子に違和感を覚えている。

【登場人物】
三年生　月村部長　アツコ先輩　ヒカル先輩　ジュリ先輩　スズカ先輩
二年生　白井先輩　シュウサイ先輩　ラグビー部先輩　ミドリ先輩
一年生　宮本正也　僕（町田くん）　久米さん

東京行きの話を、月村部長はどう切り出すのだろうと、緊張感を持ってミーティングに臨んだはずなのに、ケーキを食べているあいだは気を緩めてしまっていた。気まずい話はそういうときに、突然始まるものだ。

「これ、サイコー」

スズカ先輩が三層に分かれたチーズケーキを食べながら、うっとりした表情でつぶやいた。どれどれ、と両隣のヒカル先輩とジュリ先輩が、そのケーキに自分のフォークを刺して、一口すくった。

「そういえば、昨日、ネットでちょっと調べてみたんだけど、ＪＢＫホールの近くにおいしいチーズケーキのお店があるんだって」

ジュリ先輩が言った。

「えーっ、行きたい。みんなで行こうよ。それくらいの自由時間ってあるよね？」

アツコ先輩がはしゃいだ様子で〔　Ａ　〕を挟み、月村部長に訊ねた。

「うん、まあ……」

①曖昧に部長が頷いたそのときだった。

「それ、本気で言ってるんですか？」

厳しい声が響いた。

正也の友だちでも同級生でもない。だけど、正也を全国大会に連れて行かないのはおかしいと思っている。そして、②間違ったことは正さないといけない。そう考えているのだろうか。

白井先輩が立ち上がった。

「おととい[*2]は、先輩たち、（　B　）極まって深く考えずに、みんなで東京に行けるって喜んでいると思っていたんです。だけど、今日になってもまだそう思っているなんて」

白井先輩の剣幕に押され、三年生の先輩たちは全員、フォークを置いた。

「できれば仲良し五人組全員で行きたい。その気持ちはわかります。でも、『ケンガイ[*3]』は宮本くんがいたからできた作品です。どうして宮本くんが行くという選択肢を、勝手に外しているんですか？」

三年生の先輩たちは皆、俯いてしまった。だけど、今日ばかりは同情しない。そうだ、と口には出せないけれど、僕は大きく頷いてみた。

「だって、毎年三年生が行ってるし……」

アツコ先輩がモゴモゴと言い返した。さっきまでの歯切れの良さはどこにもない。

「それは、三年生が中心になって作ったからじゃないですか」

白井先輩の言うことはいつも正しい。アツコ先輩は黙り込み、他の先輩たちも口を開こうとしない。

ガマン大会だ。

三年生の先輩たちは皆、正也が一番貢献したことくらい理解している。だけど、それを少しでも口にして、話し合いが持たれることになってしまうと困るのだ。一人外れる誰かを、決めなければならなくなるのだから。

私が行かなきゃいいんでしょ！なんて気持ちを高ぶらせて、うっかり逆切れでもしてしまったら、即アウト。これ幸いと言わんばかりに周りは、ゴメンね、と泣きながらも、胸をなで下ろし、話を終わらせてしまうに違いない。

③黙っているのが一番。ズルイやり方だ。

（中略）

「黙っていても解決しません。話し合いをしようともしないなんて。④そんなふうだから、自分たちだけでは、マトモな作品が作れないんですよ」

白井先輩は容赦ない。ちょっとそれは、と隣でシュウサイ先輩が窘めたものの、白井先輩は三年生の先輩たちを睨みつけたままだ。

「⑤……[*4]ドキュメント部門も、どっちか通過していればよかったのに」

アツコ先輩がつぶやいた。普段おしゃべりな分、黙り続けていることに耐えかねて、つい、うっかり、本音を漏らしてしまったのだろう。決して、反撃するつもりで言ったのではない、はずだけど……、それはダメだ。

バン！　と白井先輩は両手をテーブルに思い切り打ちつけると、まだケーキの残っている紙皿をアツコ先輩に向かって投げつけ、放送室から出て行った。

幸い、白井先輩が投げた食べかけのモンブランはアツコ先輩の手前、テーブルの上に落下した。

どちらかのドキュメント部門で通過していれば、と僕だって考えた。二年生は四人だから、そこに正也を入れてもらえたのに、と。だけど、そんなタラレバを言っても仕方ないということも、二年生の前で絶対に口にしてはいけないということだって、深く考えなくてもわかっている。

アツコ先輩だって、しまった、と思っているはずだ。ケーキを投げられたことに文句を言わないのが、その証拠だ。

「あの、二年はこれから白井のあとを追いかけます。多分、中庭か図書室だと思うので」

そう言って、シュウサイ先輩が立ち上がった。それから、月村部長の方を向いた。

「二年が思ってることは、白井がほとんど言ったので、あとは残った人たちで決めてください。でも、一つ補足させてもらうなら、がんばったのは宮本だけじゃない。一年生三人で確定して、残り二枠をくじ引きでもして決めればいいんじゃないですか？　留守番組の方が多ければ、今ほどギクシャクしないだろうし。じゃあ」

じゃあ、が示し合わせた合図だったかのように、ラグビー部先輩とミドリ先輩も立ち上がり、中途半端に残したケーキの皿をテーブルに置いたまま、放送室を出て行った。

シュウサイ先輩の提案は僕が一番理想とするものだけど、三年生の先輩たちが簡単に受け入れるとは思えない。

アツコ先輩、ヒカル先輩、ジュリ先輩、スズカ先輩が、無言のまま、どうするの？　と訊ねるような顔を月村部長に向けた。部長は少し空に目を遣り、（　C　）を決したような表情で口を開いた。

「私の代わりに、宮本くん、行ってくれないかな」

えっ、と三年生四人だけでなく、僕も驚きの声を上げてしまった。

「私、実は、お兄ちゃんにＪＢＫに連れて行ってもらったことがあるの。だから……」

「やめてください！」

正也は静かに、だけど、力強く遮った。

「僕、東京に行きたいなんて、一度も言っていませんけど」

正也は月村部長にまっすぐ向き合った。

「だけど……」

部長が口ごもる。確かに、僕も白井先輩も三年生の先輩たちも、正也の気持ちを確認していたわけじゃない。

「そりゃあ、何人でも参加可能なら、喜んで行くけれど、他に行きたい人を蹴落としてまで、とは思ってません。だから、くだらない言い争いを、宮本のために、なんていう理由で続けるのなら、今すぐやめてください」

「でも、いいの？　本当に」

「僕は東京に行くために『ケンガイ』を書いたんじゃありません。どうしても伝えたい思いがあって、それを応募作として物語にする機会をもらえたから書いたんです。もちろん、それが県大会の予選を通過して、決勝で二位になって、全国大会に行けることになったのは、夢みたいに嬉しかった。

だけど、その嬉しさは物語が多くの人に伝わって、もっと多くの人に聴いてもらえるチャンスを得たことに対してで、決して、東京に行けるからじゃない」

正也は落ち着いた口調で語ってはいるけれど、⑥僕は正也の言葉の中に、怒りや悲しみを感じる。そして、僕自身も物語に本当の意味で向き合っていなかったことに、気付かされる。

東京に行かれないかもしれないから。

そんなことを気遣って、正也に連絡を取らなかったのがその証拠だ。大会終了後、普通に作品の話をすればよかったのだ。『ケンガイ』のこと、他校の作品のこと。

この場でだって、ケーキを食べながら、純粋に『ケンガイ』が評価されたことを喜び合い、反省会をすればよかったのだ。

なのに、みんなの頭の中には東京に行くことしかなかった。『ケンガイ』を置き去りにした東京行きなんて、正也にとっては何の価値もないのかもしれない。

それでも……。本当に東京に行かなくてもいいのか？　とまだ思ってしまう。全国から集まった高校生が『ケンガイ』を聴いているときの顔を、見たくはないのか？　と。

「それに……」

正也は続けた。

「今年は、僕、行っちゃいけないような気がするんです。ビギナーズラック*5であっさり目標をクリアしてしまうと、来年、再来年、行き詰まったときに、まあいいや、って思ってしまいそうなんですよね。とりあえず、一回、行けたしって」

正也はそう言って、ニッと笑った。そのまま、右手の人差し指で鼻の頭をポリポリとかく。

⑦僕には、正也が自分自身を納得させようとがんばっているようにしか思えない。

（中略）

「宮本くん、本当にいいの？」

月村部長が神妙な面持ちで訊ねた。

「はい。全国大会には、三年生の先輩たちで行ってきてください。僕は今日、こういう話じゃなく、『ケンガイ』や他の作品の話を、先輩たちとできることを期待していました」

さらりと放たれた正也のひと言に、⑧部長は殴られたかのように顔をゆがめ、俯いた。

部長は部長なりに正也のことを慮り、自分が引いて正也を行かせる、という苦渋の決断をしたのかもしれないけれど、それでも大切なことは見えていなかった。

何をしに全国大会へ行くのか。

Ｊコンは、田舎の高校生のご褒美旅行のために開催されるのではない。

「ありがとう、宮本くん……」

アツコ先輩が目を真っ赤にして、鼻をぐずぐずとすすりながら言った。先輩たちにも、正也の思いは伝わったようだ。

「お土産買ってくるからね」

続いたヒカル先輩の言葉に、僕はガクッとうなだれそうになった。ほおづえをついていなくてよかった。

何にも届いていない……。こんな人たち放っておいて、僕たちで東京に行こう。そう叫んでやろうか。

「⑨そういうことじゃないでしょう！」

月村部長が自分の同級生たちの方を向き、言い放った。白井先輩よりも迫力のある、腹の底にドカンと響く声だ。

「宮本くんがＪコンに行けば、全国から集まったラジオドラマ作品の、あらゆる長所を吸収して、短所でさえも自作のことのように真剣に捉えて、次の作品に反映させることができるはず。白井さんが行けば、時間が許す限り、他の部門の見学もして、来年のための傾向と対策を分析してくるはず。町田くんや久米さん、他の二年生、誰が行っても、来年のための何かを得て帰ってくる。そんなチャンスを、私たちは譲ってもらったの。私たちはＪコンを、少なくとも、Ｊコンでオンエアされた『ケンガイ』を、ここに持ち帰らなきゃならない。それが無理だと思うなら、五人の枠すべてを、後輩たちに譲ろう」

結局、Ｊコンには三年生の先輩たち五人が行くことになった。

（『ブロードキャスト』湊　かなえ）

〔注〕
＊１　ＪＢＫ＝作品中で用いられる放送に関する架空の組織で、通称Ｊコンを主催している。
＊２　おととい＝県大会が行われ、ドラマ部門に出品した『ケンガイ』が第二位となり全国大会出場が決まった。
＊３　ケンガイ＝Ｊコンのドラマ部門に出品した、ＳＮＳ上のいじめをテーマとした作品。
＊４　ドキュメント〜よかったのに＝ドキュメント部門には二年生が二作品出品したが、全国大会へはいけなかったことを受けた発言。

＊5　ビギナーズラック＝初心者が幸運にめぐまれて好結果を収めること。

〈設問〉

問三　―線②「間違ったこと」とはどのようなことですか。その内容の説明として最も適当なものを次のア～オの中から一つ選び、記号で答えなさい。

ア　三年生が二年生にあてつけるように全国大会の話をしていること。
イ　宮本の活躍が三年生の間で全く評価されていないこと。
ウ　三年生が全国大会時に自由時間を求めてはしゃいでいること。
エ　三年生が自分たちの活躍で全国大会出場を決めたと信じていること。
オ　宮本が全国大会に行かないということが前提となっていること。

問八　―線⑧「部長は殴られたかのように顔をゆがめ、俯いた」とありますが、この時の「部長」の気持ちを八十字以内で詳しく説明しなさい。

問九　―線⑨「そういうことじゃないでしょう！」とありますが、「月村部長」が「重要なこと」と考えている内容として最も適当なものを次のア～オの中から一つ選び、記号で答えなさい。

ア　全国大会に出場しやすい作品の傾向をつかんでくること。
イ　全国大会における『ケンガイ』の評価を確認してくること。
ウ　来年の作品のための糧となるものを持ち帰ってくること。
エ　『ケンガイ』を全国大会でしっかりとアピールしてくること。
オ　全国大会に出場する作品のレベルの高さを体験してくること。

〈解　説〉

それでは、問三から解説をさせてください。

傍線②とはどのようなことですか？と聞いている問題でした。要するに、傍線②がどういうことなのか説明してくれと言っているのです。説明を求められたら、イコールの内容を答えます。

というのも、優秀という言葉を説明せよと言われたら、「優れているということ」と答えれば正解ですが、両者は同じ意味ですからイコールで結べます。つまり、説明を求められたときは、イコールの内容を答えればいいのだということです。

今回は傍線②の説明を求めていますから、それとイコールの内容を答えればいいのだということです。まずは傍線②からを読んでみます。

② 間違ったことは正さないといけない。

ここを見れば、傍線②「間違ったこと」＝正すべきこと（Xと置きます）だとわかります。

では、Xの「正すべきこと」とは何なのでしょうか。傍線②の5行後からをご覧ください。

「ケンガイ」は宮本くんがいたからできた作品です。どうして宮本くんが行くという選択肢を、勝手に外しているんですか？

ここから、宮本くんが行くという選択肢を外すのは間違っているのだとわかります。間違っているのならば、正さなければならないでしょう。したがって、「正すべきこと（X）」＝「宮本くんが行くという選択肢を外していること（Y）」が成り立ちます。

さて、ここまでの話をまとめてみましょう。まず、傍線②＝X「正すべきこと」でした。そして、X＝Y「宮本くんが行くという選択肢を外していること」です。傍線②＝Xで、X＝Yなのです。

したがって、傍線②＝Yも成り立ちます。どちらもXと同内容のものだからです。なお、このような解き方を「三段論法」と呼び、入試国語定番のアプローチとなっております。

問三は傍線②とイコールの内容を答える問題でした。そして傍線②＝Yなのです。以上より、Yの「宮本くんが行くという選択肢を外していること」という内容と合致する選択肢を選ぶことになります。そしてそれはオでしたから、オが答えになります。

このような三段論法は、説明文において用いる解き方です。ただ、物語文でもよく使います。物語文というと、心情の読み取りばかり取り上げられますが、物語文の中で心情読解の問題は全体の三分の一程度です。

そして、残りの三分の二は説明文の手法で対処していくのです。したがって、物語文が苦手という方は、きちんと説明文のほうは固まっているのかを疑ったほうがいいかもしれません。それができていれば、物語文の三分の二は取りやすくなるからです。

それでは、先に問九に移りましょう。

「月村部長が重要だと考えていること(X)」ってなに？　と聞いている問題です。つまり、Xの説明を求めているのです。したがって、そのXとイコールの内容を考えていくことになります。ご覧いただきたいのが、傍線⑨の四行後からです。

誰が行っても、来年のための何かを得て帰ってくる。そんなチャンスを私たちは譲ってもらったの。私たちはＪコンを、少なくともＪコンでオンエアされた「ケンガイ」をここに持ち帰らなきゃならない。

ここから、X「月村部長が重要だと考えていること」＝「来年のための何かを持ち帰ること(Y)」だとわかりますから、そのYと同内容のウが答えになります。

最後に問八を扱います。

先ほど話に出てきた心情読解の問題です。心情を読み取るときは「背景と出来事を整理する」という作業が求められます。背景というのは登場人物の情報です。相手のことが好きなのか嫌いなのか、どんな状況におかれているのか等が背景に当たります。

そして、出来事は文字通り文章のなかで起こった事件です。それらを整理することで心情が見えてくるのです。

よく授業であげる例なのですが、背景として、①「志望校に合格した」と②「可愛がっていたペットがなくなってしまった」の二つを想定してみましょう。そして、どちらにせよ、主人公が泣いたとします。これが出来事になります。

背景①の場合はうれし泣きになりますから、心情は「うれしい」になります。そして、背景②の場合は「悲しい」になります。要するに、同じ出来事であっても、背景が変われば心情も変わってくるのです。

だからこそ、その両者をそろえることが大切になってきます。

さて、この観点を踏まえたうえで問八の解説に参りましょう。傍線⑧における部長の心情を考える問題でした。まずは傍線⑧の前をご覧ください。

「はい。全国大会には、三年生の先輩たちで行ってきてください。僕は今日、こういう話じゃなく、『ケンガイ』や他の作品の話を、先輩たちとできることを期待していました」

この正也の言葉から、大会に行く・行かないといった話よりも、作品自体にきちんと向き合うことを彼は大切にしているのだとわかります。そのうえで傍線⑧の直後に注目です。

部長は部長なりに正也のことを慮り、自分が引いて正也を行かせる、という苦渋の決断をしたのかもしれないけれど、それでも大切なことは見えていなかった。

ここから「作品自体に向き合うという大切なことを月村部長は見落としていた」とわかります。ここを背景にします。

そのうえで傍線⑧自体にご着目ください。「部長は殴られたかのように顔をゆがめ、俯いた」とあります。これを出来事に置きましょう。

背景にある通り、部長は大切なことを見落としています。そして、傍線⑧の前にある正也のセリフから、大切なことがなにかわかります。そして、それがわかった時に部長は顔をゆがめ、俯いたのです。

要するに苦しそうな表情になったわけですが、これは自分の見落としに気づいたからでしょう。部長であるにもかかわらず、大切なことを見落としていた。だから、自分が恥ずかしいのです。恥ずかしいからこそ、ほかの部員に合わせる顔がなく、俯くほかなかったということです。

これで傍線⑧における部長の心情がわかりました。「自分が恥ずかしい」です。「自分を責めている」と表現してもいいでしょう。

私が採点者で、かつ10点満点であれば、背景の「大切なのは作品に向き合うことである」という内容で2点、「その大切なことを見落としていたことに気づいた」で2点、「見落としに気づいたきっかけは正也の言葉である」という内容で2点、そして部長の心情である「自分が恥ずかしい」で4点とします。

なお、出来事についてですが、今回は傍線部がそれに該当するため、点数の要素になりません。傍線部は設問に出てくるため、わかりきっている内容であり、書く必要はないと判断されます。

さて、心情読解についてもう少しお話しさせてください。心情自体を文中で明示してしまうと文章の味わいがなくなるため、さすがに心情は本文中に出てきません。

しかし、それを導く背景と出来事は文中で書かれているわけですから、心情読解であっても、きちんと解答根拠を本文中から探す態度が求められると言えるでしょう。なお、心情を表す言葉を参考書なり読書なりで学ぶ必要があるのかとたまにご質問いただきます。

点数の要素となる心情は今回の「恥ずかしい」もそうですが、ありふれた馴染みのある言葉がほとんどです。したがって、そのような学習の必要性は薄いと言えます。

もちろん、「後ろめたい」のような馴染みのない言葉もありますが、「馴染みがないけど入試でよく出る心情」については、どの塾も授業の中で何度も繰り返し紹介しますから、ご安心ください。それよりは、心情をつかむ流れを確認する経験を積んだほうが有益です。

特集：有名中学校
特別インタビュー

- ☞ 海城中学校
- ☞ 豊島岡女子学園中学校
- ☞ 三輪田学園中学校

海城中学校

●インタビュー対談者
校長特別補佐・入試広報室長　中田大成先生

著者の長島（N）が、海城中学校に伺いお話をお聞きしました。

海城中学・高等学校が育んでいる非認知的能力とはどのようなものか、入試問題に込めた思い、これからの進学校はどうあるべきかなど、私自身にとっても非常に勉強になるお話を伺うことができました。

保護者様はもちろん、同業の先生方にもお読みいただきたいインタビュー記事となっております。

N 海城中に進学されたご家庭の保護者様から「レポートが多く大変である」というお話をよく聞きます。そのレポートについてお話を伺えますか。

基本的にレポートというのは社会科の総合学習で、週4時間ないし5時間ある社会の授業の内半分は、探求型の総合学習にあてております。その授業は毎学期何らかのテーマを与えたり、テーマについて選んで、各自何らかの調査をして、それについてまとめたことを発表したりディスカッションしたりしてそれをレポートにまとめるといったものです。そして、毎学期それを評価していく形ですね。

N 分量的にはどれくらいになるでしょうか。

中1の最初は原稿用紙4～5枚くらいでしょうか。2学期には5～6枚になり、3学期に7～8枚書いて、中3の終わりには20枚くらい書いていると思います。
中1の途中からは単に文献資料、ネットからの情報をあつめるだけではなくて、情報収集として取材に行かせます。生徒本人が電話なりでアポをとって、企業や役所や大学の研究室の先生などの話を聞きに行く。そういったことをしながらレポートを書いていく。そして中3の1・2学期かけて、全員が社会科の卒業論文を書くんですね。

うちの特徴としては必ず現地に行ってまずは生の情報を取ってきた上で、ネット情報あるいは文献情報と照らし合わせて考える。そして巻末には必ず引用文献を載せています。必要であればグラフや資料や写真などを加える。こういったものを中3の2学期の終わりに提出させる。一人最低原稿用紙30枚、多い子は50枚。

こういうのを1992年からずっと続けています。なので、本校に入ってくる生徒にとっては、まず社会のこういったレポートだけでもたいへんかもしれません。

ただ、だからこそ本校の社会科の入試問題は配点上半分近くが記述問題になっていて、合計350字は書かせると内規で決まっており、そういったものに取り組む姿勢とか資質を試験で問うというのが伝統になっています。

N 社会ですと、リード文もかなりの長さです。それに興味を持って思考していくような子を求めていらっしゃる？

そうですね、今回（2020年）の入試問題も1回目はシャネルに関する、2回目は住友金属に関する文章を読んでもらっているのですが、どちらにも本校からのメッセージが込められています。1回目の問題でいえば、シャネルという一人の女性の生き方、女性の自由の開放とかそういったものを踏まえた上で、新しい紳士としてこれからの社会を作っていってほしいという思いが込められていますし、後者は言うまでもなく、将来何らかの企業・機関に就いた時に、常に利他的なマインドを持ってほしいというメッセージが込められています。

ですから、内容的な面においても、やはりある種の興味感心を持ってテストに臨んでくれたり、過去問練習するときであっても何か楽しんでくれたりするような、そういうお子さんに入ってもらいたいと思っています。

N 勉強を楽しめる受験生は強いと思います。こちらが教えた方法論を活用して答えを出す。優秀な受験生はその営みを楽しみながらやっているなと感じます。

そういった知的な取り組みを楽しめるかというのと、取材などに行って、自分が想定していなかったような大人の言葉、メッセージを受け取ったときに、未知なるものに触れた時の喜び、ワクワク感を楽しめるお子さんがこれからの社会で大事だと思います。

そもそも92年からなぜこれ（社会科のレポート・卒業論文）をやったかというと、91年に本校は100周年を迎えたのですが、その時点で東大に40、50人入るようになっていました。しかしお恥ずかしい話ながら、2年連続「東大で留年率が最も高い高校」という不名誉なご指摘を受けまして。

それ以前は大学に入れることに躍起になっていて、そこから持続的に勉強ができないというような事態があったわけですよね。社会に出て活躍できない人材をいくら東大に入れたって意味がない、原点に立ち戻ろうってことで始めたのが本校の学校改革なんですね。

92年を我々は改革元年と称していますけども、そこで、大学に入ってからも自分からさらにいろんな知的好奇心を満たしていく活動ができる。そういう生徒を育てるための教育内容に変えるよう意識してきました。

N 方針転換しても進学実績が落ちたわけではありませんでした。教育改革と大学受験の結果自体の因果関係といったところをお聞かせいただければ。

それはやはり改革を進めていく中でもですね、学内的にはそういった取り組みをしていくことによって受験成績が下がるのではないかという声も出てくるんですね。改革を進めていこうという人たちはそこで場所をすくわれるわけにはいかないですから、同時に試験指導にもそれまで以上に力をいれました。

また、東大や国立の医学部などは時代が進むにつれて我々が育成しようとしていた思考力・判断力・表現力といったようなものを試験で見ていくようになりました。その流れがわれわれのやっているようなこととオーバーラップしていった、マッチングしていったということもあるわけですね。

医学部入試においてもそうです。面接とか小論文とかをかなり重視してきています。これはうちの子どもたちにとっては非常に有利な変化ですよ。

N ただ、最近の保護者と接していると、学校にも大学受験に直結する指導を求めるように感じます。

それには二つ要因があると思います。一つは先が読めない、非常に変化が激しい時代だからこそ学歴なり資格を求めるということ。二つ目は入試制度が変わることへの不安。しかしここから先の人生が90年だとすると、大学を出た後も彼らは70年近く生きてかなきゃいけないわけですよ。これだけ変化が激しい時代だと、学んだものもすぐに陳腐化してしまう。一生学び続けていかなきゃいけないし、試行錯誤していかなきゃいけないわけです。

そういう力を中高6年間で育てておかないと、かつてのうちのようにどこかで行き詰ってしまう。だからこそうちは探求型の総合学習をやっている。そういったことに対して理解し賛同してくださった親御さんのほうが僕らとしてはありがたい。入ってからひたすら受験指導しろと親の方が言ってしまうと、それは僕らが目指しているものとは違います。

私立はやはり学校の教育理念や方針を事前にきちっと説明した上でそれに賛同してくださった親御さんの方々とわれわれが一緒に共同して子どもたちを育てていくというのがあるべき姿なので、それは事前に話をしています。

N 演劇などの体験学習にも力を入れておいでだと伺いました。

例えば、中2では聞き書きに基づく演劇製作をやります。近くの商店街の店主さんとか神社の神主さんとかに自分の過去を振り返ってもらって、もっとも印象に残っている出来事を語ってもらうんです。

授業としては2時間続きのものを3週にわたって、計6時間。演劇の専門のコーディネーターに協力してもらいながら実施します。子どもたちはそれを、その方の語り口を再現できるようにとにかくそれをいったん聞き書きするわけですね。そして、グループ内でそれぞれがメモしたものをまとめていく。

そこで気づきがあるんですよ。同じ時間に同じ人の話を聞いたのに、自分と他の子でメモしていた内容やイメージが違うことに気づくんです。これがすごく大事なことで、日本は以心伝心で分かり合えるとか平等性を前提にしたコミュニケーションと言ったものが起こりがちです。でも、実は人間って実はそうそう分かり合えないものだよねということに気づけるのが大切ですね

N お前はそこに注目していたのか、僕は見落としていたよ、とか

そう。俺たちはちがうんだ、分かり合えないんだということに気が付かせるのが日本のドラマエデュケーションですごく大事。そのまま違うイメージじゃひとつの台本ができないから、お互

いのイメージを擦り合わせましょうよ。そこで対話的コミュニケーションの基盤ができていくわけです。

そして中3では平田オリザ門下のタレントたちがやってきてくれて自分たちの劇団員と一緒に2クラスずつ担当してくれるんですけど、共通のテーマは中3の秋の修学旅行なんですよ。

それをテーマに6時間授業やるんですすけど、たとえば修学旅行へ行く前に班ごとに一つ指示を出すんですね。行った先でどこでもいいから自分たちが写っている写真を撮ってもらってきなさいっていう。それはどんな瞬間の絵でもいいからなにかの瞬間の写真を通行人とかにお願いして撮ってきなさいってのがある。

帰ってきたらその中から1枚自分たちで選ばせる。そこから課題が始まります。この画像の1分前、数分前の出来事、この画像からさらに進んで数分間の出来事を一連のストーリーとして芝居を作りなさい。現実にあったものと関係なしに虚構でいいからイメージを膨らませて、こういうことがあったからこうなった。

でこの瞬間からさらにこう展開したというのをストーリー立てて演劇として作りなさいという授業ですね。中3になると単にコミュニケーションの授業というよりも、指導者一人ひとりがアーティストなので想像力、クリエイティビティをはぐくむような授業をしている。

こういうことをしながら、非認知能力を高めながらグループで何かを作り上げていく。主体的に多様な人間と共に何かを作るとか、いかにそのリーダーシップを自分で誘導するとかを学ばせているわけですね。

また、こういった体験学習の後には必ず振り返りをさせます。体験は個別に過ぎないのだけどこの体験で気づいたことをまずみんなで話し合わせて、こういう時にはこういうことが大事だね、これはすごくいいことだね、こういうことやっちゃうとまずいねということを、個別の経験としてまず確認して、一般化しなきゃいけない。

それによって、類似した場面に生かせるようになる。それが振り返りの大事さなんですね。そういったことも意識化させていくわけです。

人間が知恵を持っていくということは、1回きりの経験を類似した場面でも応用できるように一般化して頭の中に収めていくということです。それを実践で活用できる能力の養成を中1の始めからプロジェクトアドベンチャーっていう体験学習の中でやるんですね。

だから何をやるにしてもやって終わりじゃなくて必ず振り返りをして気づきをもたせて1回きりの記憶じゃなくて汎用化するっていう手続きを持たせることを大切にしています。

N　汎用化させるというのは、他の状況でも通用する形にするということかと思います。でも、それは受験勉強でも同じですよね。私が担当する現代文でいえば、毎回読む文章は違うけれども、問題の解き方は同じです。そう考えると、そういった学習も受験勉強と根本のところでつながっているのではないかと感じます。

受験勉強自体を害悪だとは思っておりません。東大や慶応の問題とかも最近は早稲田なんかも非常にいい問題を出しているので、入試問題に取り組んで正解にたどり着くだとか、小論文の試験で自分なりの主張をきちんと表現するというのは、我々がやろうとしていることに反するものではない。

ですから、海城が育んでいる非認知能力や汎用化させる力が高ければ高いほど、入試においてもそれは結果を出しているわけです。

N　勿論それは入試だけじゃないですよね。あくまで結果を出せるというのは副次的というか、海城が育む力は、入試はもちろん、社会で生きる力にもなっていく。

だから、大学入試はつけさせている能力を発揮する一領域であって、それ以外のところでもって話ですよね。中学受験はどうしても我々も責任は感じますが、十何歳という子どもたちに膨大な量を学習させなきゃいきゃないので塾にも頼らなきゃいけないし、親御さんたちと二人三脚状態でやってかなきゃいけないと思います。

ただ、大学受験はそうはいかないわけですよね。いつまでも親や家庭教師その他に丸投げしているような子はやっぱりダメで、本人が戦略的に思考している必要があります。東京大学や国立の医学部に現役で行こうとなったら、時間との戦いです。効率的に学習を進めなければならない。

例えば、予備校で数学を学ぶとなったら、1時間で1題しかできないようなこともある。でも参考書を使って自分でやれば30分で出来る。であれば、社会人でも資格試験を受けるような人たちが使う自習室って町にありますよね。あれを使って参考書で学習していくとか。

あるいは通信講座を使ったりオンラインを使ったり、どうしてもあの先生に直接習った方がよいというのなら、その講座をアラカルトで取ったり。もちろん、本校の季節講習を適宜選択してくれても構わない。そういった自分でコーディネートしてやっていく能力を高1までにつけさせたい。

戦略的思考ができる子は、受験で結果を出すとかじゃなくてその先の社会に出てからの活動において、それなりのパフォーマンスを発揮するわけですよね。そういう能力を高1までに培いなさいということ。

そこから先何をやろうが学校の勉強はベースにしてほしいけど、それ以外何を使おうがそれは自分の頭で考えてくださいっていう。予備校行く必要ないとかは言いませんので自分でコーディネートしてくださいよと。そのためにはやっぱりいろんな経験をすることですよね。失敗したり。

N いろんな経験をした子はやはり強いですよね。中学受験生でいうのならば、お父様と一緒にスポーツをしたり遊んだりといった経験が豊富な子ほど学力も高い傾向があります。そこで思ったのですが、海城では大人と接する機会が多いですね。

そうですね。どうしてこういったことを始めたかというと、それは状況論的な必然性があったんですよ。2000年以降、急激に子どもたちのコミュニケーション能力が落ちていったんですね。

例えば体育祭の練習です。中学校は縦割りで、紅組なら紅組で1年生から3年生まで一団を組んで競い合います。そして、かつては練習するときにこのあたりで練習しなさいという指示を出せば、自ずと中3生が下級生を巻き込んで練習していた。しかし、2000年を過ぎてくと、いつまでもバラバラで学年が1年違うだけで関われない。また、ショックだったのが、当時中3の修学旅行で北海道に行ってたんですが、函館の朝市に出したんですよ。子どもたちは前の晩からガイドブックとかも読んでて楽しみにしてたんだけど、生徒を待ってるとすぐ来ちゃうわけですよ。

どうしたんだよって、せっかく朝市に行ってるのに何も買わなかったのかって言うと、「お店がたくさんあって、そこのおじさんとかおばさんが出て来て『お兄ちゃんたちどこから来たの、東京から来たの？』、『おじいちゃんおばあちゃんいるの、だったらこれ買ってくと喜ぶよ、買わない？』みたいなことを言われて怖くなって…」ということを言っていたわけです。

今までであれば、そこで「おじさんちょっとこれ負けてよ」とか、そういうコミュニケーションをしていました。しかしそれは地域に商店街があった頃の話で、もはや世間はコンビニ化していて、スーパーマーケットしかなく、食べるものもファミレス、マック、そういうとこ行ったらお姉さんたちはマニュアル通りのことしか言わない。

そういう中で育ってきた子どもたちからするととんでもない。話しかけてきて何か言ってくるから怖いと。逆にお店のおじさんたちと丁々発止のやりとりをする男の子が珍しがられる。そういう変化が起こったのが一つ。

もう一つはWindows 95以降インターネットが広がって、リアルな世界とヴァーチャルな世界の二層化が始まってきて、現実世界のことをヴァーチャルの世界で冷やかされたりするようになりました。今ではＳＮＳですか。

それを常に意識して、現実の世界では身を守る。壁を高くする、鎧を着る。そして学校も安心安全じゃなくて、ものを闊達にできない空間になっていくわけですよ。これを変えないと、授業だってあまり活発化しないということで、そういったコミュニケーションのいろはを学ばせるための何かを模索しました。

そういう経緯があって、体験学習として沢山の過程、経験というのを擬似的にさせているわけです。中１・中２で実施するプロジェクトアドベンチャーというものは元々イギリスの冒険学校が発祥です。それがアメリカに渡って心理学が加わって今のプログラムになってるんですけど、本来は冒険的なことをやる、林に行ったり海に行ったり川に行ったり、そういう中で経験を積むことによって養われる非認知能力。それを涵養するためのものだったわけですよね。

だから、本来であれば小学校あるいは幼稚園のときに、様々な経験をつめればいいわけですけど、現実にはそういう機会ってないわけじゃないですか。だから今の子どもたちは非認知能力を養う機会が圧倒的に少ない。そういう子たちをもう1回育て直すためには自覚的にそういうことをイチから教えないといけないということで、90年代から学校行事やクラブ活動とか生徒会活動を作り直したんですけど、それは90年代の終わりから2000年代ではうまく機能しなくなった。これをうまく機能させるためにはその前のもっと基本的なコミュニケーションとか人間関係力のいろはから教えなければいけない。そこでレポート作成の際に取材に行かせたり、体験学習の機会を作ったりし、それらを繋げていくという形になってますね。

N なるほど、そういうところから始まっていった訳ですね、大人と関わって、共同性を育んで…そういえば、最近の大学受験生の中には、集団塾には行きたくないんだ、指名されて自分の意見を言うのは苦痛なんだ。だから動画授業がいいという方が一定数いるようです。

別に意見に正解はなくて、それぞれの考えをお互いに述べあえばいいんだけど、さっき言ったような安心安全ベースの空間を確保して与えてあげないとそれはできない。

90年代の終わりから、教室で何か意見を言うと、それをネット上でからかわれるようになりました。そうすると子どもは「笑いものにされないように」と考えたり、「どうせ笑われるんだったら先にこっちからすっ転んでやろう」と自虐ネタで笑いを取ったりする。

でもそれは脇で見てると痛々しい不健全な笑いなんです。これは、バーチャルの世界で笑いものになるからということで、心の壁を高くしている状態ですね。心に鎧を纏っているということです。生徒がそんな状況では授業のパフォーマンスが下がるじゃないですか。

自分が間違えたときに、周りがゲラゲラ笑ったら、心の壁が上がって、もう二度と手を挙げないかもしれない。でもそれって、クラスにとってはマイナスのこと。彼はいい意見を言うかもしれないのに、その機会を失くしちゃったらお互い損になるわけだ。

みんなが自由に意見を言うためには、全員が心の壁を下げていなくてはならない。でも、自分じゃ心の壁は下げられない。ただ、間違えたときに、「こんなの大丈夫、俺もしょっちゅう間違えるよ」って言ってくれれば、人って心の壁を下げるんですよ。

そういったことを経験させるわけです。そしてそっちのほうが心地良いと学べば、そういう方を選ぶ。そのようにして安心安全ベースの空間を設定していく。俺たちは鎧を着てない人間をナイフで刺すような卑怯なことは絶対にしない。

それから、心の壁が高くなっていたら、周りでそれを下げてやる。お互いそういった形の闊達で安心安全ベースな環境で色々言い合えば、面白い意見も聞けるよなって。それは自分たちにとっても最終的には得だよなって。

僕は子どもたちにあえて道徳的なことは言わない。損得勘定で考えろと。大局的に考えたらこれが一番得だよねっていう発想でいいわけですよ。だから別に綺麗事や説教的な話なんてしないよ。君たち一人ひとりが一番得になることをしようって形で話をします。

N 安心安全な環境を作る。それは鎧を下げられる環境を作るってことでもあると思いますが、そのためには生徒一人ひとりがある程度成長している必要がありますよね。

だからこそのプロジェクトアドベンチャーです。最初はやってるうちに喧嘩が起きる。コンフリクトが起こる。ではそれらをどう解決するか。感情的になってしまうならそれをどうコントロールするか。

あるいは対立が起きたとき、どういう形でまとめるか。みんな違うから、大きな目的ができたとかじゃないと、クラスが一つになるなんてありえない。仲間うちで集まって、その中ではお互い居心地がいいかもしれないが、違うもの同士が40名も集まっている。

では最低限朝から夕方までお互い不愉快にならずにいるためのスキルって何？　それを体験学習で学ぼうよと。みんなが一致団結することを学ぶんじゃなくて、違うもの同士がお互い不愉快にならない術を学ぶ。それがグローバル社会を生きてくために必要な力であって、みんなが心を一つになんてありえない。

教員がそんなこと言ったら同調圧力をかけるようなもので、そんなものには反発するべき。でも不愉快にならないためにはどうしたらいいか。それは必要だから、学んでいきましょうということ。その中で対立などを経験しながら克服したり調停したりしていく。

そういうのを学ぶのと、さっきの演劇の授業はもっとすごくて、即興でやっていくんですよ。二人で泥棒と警察を演じろとか、三人でこの四字熟語の芝居を5分で演じろとか。即興だとリーダーが指示を出してみんながそれで動くなんてやってたら時間内にできない。二人が1分で何かやるとなれば、お互いある程度察し合いながら進めていく能力が必要。

これは今の組織論の中ではすごく重要で、ピラミッド型の、トップが指示を出して動いていくような組織は弱いと言われている。各メンバーそれぞれが自分の頭で考えて、そして全体が最適化されるように動くっていう水平的・分散的な組織ってのがすごく強いということがわかっています。そういうことを身を持って学ばせるという結構高度なことをやらせているわけです。単純なリーダーシップとかフォロワーシップとかチームビルディングとかではないのです。

N 生徒それぞれがそういうことをできるようになってくると、安心安全な教室環境になり、よりハイレベルな環境になっていくということですね。

その環境を崩す者が出てくると、「お前はいい年してまだそんなことをしているのかよ」ってなってくる。中学のうちはまだいいんだけど、高校レベルになってやってると「子どもだよね」「まだそんなことやって全体の士気を下げるとか雰囲気悪くしたりレベル下げることをするんだ？」という目で見られる訳ですよ。そうすると自浄的にそういうものは減っていくわけです。

N そこで、浮いちゃった子たちも成長していけるわけですね。

そうですね、周りが大人になるので、未熟でいるのは許されない環境になる。ただそれを僕たちは設計主義的にやるってことです。ちゃんと学校側がプラットフォームを作り、その上で学ばせるということをやる。

そして、僕らが次やろうとしているのはＫＳプロジェクトという取り組みです。我々の改革はステージが変わりつつある。今までの社会科でやっている探求学習と次のステージにあたるＫＳプロジェクトはどこが違うかというと、ＫＳプロジェクトは形態上と内容上の二つの特徴を持っている。

形態上は教科、通常授業の枠を超えて通常の放課後講習や夏期講習と違ってすべて自由でいい。だから先生も教科を超えてあるテーマについてやる、学年にかかわらず、関心がある者は集まってこい、曜日決めて毎週やってもいいしどこでやってもいい。

夏休みだけでも合宿でもいい。自由に任せる。内容の特徴は、子供たちのとがった興味関心をより深掘りしたうえで、外に開いてオープンにすること。

N 具体的にはどのような授業があるのでしょうか。

英語で情報を発信したいって子を集めて、海城タイムズという名で、英字新聞のようなものを作ったりしています。人気なのはプログラミング講座。初心者編と応用編があって、ＯＢの協力で教えてもらってる。

あとは生物科学実験の動画をとる。これはモンゴルの学校と提携を結んでいるのですが、モンゴルではまだ実験器具が足りなくてできないこともあるので、僕らでわかりやすく編集して送るということもしています。ちゃんと動画制作のプロをよんで、ハイクオリティなものを作っています。

これらの狙いは言うまでもなく、ディープな学びによって子どもたちにある種の快感をもたせることです。アドレナリンが出て、楽しくて仕方がない。そういう経験を一度積んで禁断症状にする。そうすれば、卒業しても彼らは学び続けてくれるでしょう。

人生は長いから、つねに学び続けなきゃいけない。きちんとそれが出来るように、今から学ぶ楽しさを伝えるということです。

もう一つ、知的探索で新しい価値を生み出すには、本来つながらないものをつなげなくてはならない。違うところに広げて学ぶ。開かれた学びじゃなきゃいけない。だからオープンにせよと言っているのです。その結果なにが出るかわからないが、あえてプラットフォームを作ってやろうと。

N つまり、大人側がある程度設計するが、その先はある程度偶然に任せていくということですか？

僕らはもうその偶然にかけるしかない。だけどそれをあえて自覚的・設計主義的にやる。彼らが作る未来の希望につながる原体験を中高の間に与える。

N 偶然を引き寄せるためには、大人の側もちゃんと設計しなきゃいけないということでしょうか。

そこはもう綿密にプラットフォーム作っていかなければならないでしょう。今まで、日本トップレベルの学校は、自主性を過度に重んじて全部子どもたちにやらせていた。一握りの天才、秀才はそこで力を発揮するのでしょうが、これからは違うでしょう。全体を見て、自分たちにできることが何かという発想が持てるようなプラットフォームを大人が用意するべきではないでしょうか。

N そのためにも、日本のトップレベルの学校がもう一段上がらなきゃいけないってことですね。海城がその先陣を切っていくと。先ほどの教室づくりの話には本当に感銘を受けました。そこもプラットフォーム作りの一環ですよね。

安心安全ベースってことですよね。多様な人間がいるなかで、みんなが自由に発言できる環境を作る。だからこそ偶然による創造的なものも生まれるのです。ただ、多様性という観点だと、実は男子校ってだけで既にハンディキャップがあります。

N 異性がいないですからね。

そういった点でダイバーシティは落ちるんだけど、男子校の良さは絆がずっと続いていくことですね。中高の6年間、異性の目を気にせず開けっ広げに関わってできた絆は強いですよ。別の大学行ったり、別の就職先に行っても繋がっていく。これはかけがえのない財産になる。私自身も男子校出身だから、それを強く感じています。

N 私も男子校出身ですから、よくわかります。中田先生、本日はありがとうございました。

豊島岡女子学園中学校

●インタビュー対談者
入試広報部長　岸本行生先生

豊島岡女子学園に伺い、お話を伺いました。有名な「運針」にはどのような意義があるのか、入試問題で問いたい力、豊島岡が育む生きる力などについてお話しいただきました。

非常に興味深いインタビュー記事になっております。私自身も今後のヒントを得ることができました。お読みいただければ幸いです。

N 豊島岡といえば朝の運針が有名かと思います。運針をさせる意図ですとか、それを通して生徒がどうなっていくのかといったところを教えて頂いてもよろしいでしょうか。

本校はもともと女子裁縫専門学校から始まったので、毎朝の取り組みに裁縫という形を取り入れております。昭和23年から70年以上全く変わらない形で、運針を毎朝5分間実施していますが、よく「雑巾を縫うんですか」といったご質問をいただきます。

そうではなくて、白いさらしの1メートルの布を、赤い糸でただひたすら縫って、端まで行ったら抜いて、また最初から。そして5分間終わったら糸を抜いてしまう。これを毎日繰り返しています。

意図としては大きく四つあります。一つ目は、ただ無心になって針を進める事によって集中力を養ってもらいたいということ。これが一番大切だと思っております。二つ目は、運針は和裁の基礎・基本であり、基礎・基本を大事にして欲しいということ。そして、本校の教育方針に「勤勉努力」というのがあって、こつこつ努力をすることを大事にしている。運針もそれのひとつだということですね。最後に四つ目ですが、本校のもう一つの教育方針に「一能専念」というものがあります。誰にでも優れた能力があるので、その才能を伸ばすということです。本校にとっての一能は運針だけど、皆さんにも何かきっとあるはずだから見つけていこうねとよく話しています。

N なるほど、無心になって集中するという5分間を過ごしておいでなのですね。最近、勉強が不得手な生徒さんを見ていると、一つひとつの動作が遅いなと感じます。例えばテキストを出すのが遅いっていうのもありますし、漢字学習においても、丸付けが遅ければ、書くのも遅ければ…といった次第です。それらを見て、最近は「成績と生活習慣に相関がある」と考えるようになりました。運針を通して集中力が養えれば、一つひとつの動作も早くなっていきますよね。

そうですね、形に残さないものでもありますし、本人たちは面倒くさいなって思ってやっている時もきっとあると思うんです。でも、昨日よりも少しでも長く縫えたら嬉しい。針目が揃っていたら良かったなって思える。

要するに、その5分間の時間をどう大事に使ったということが運針に現れるわけです。形には残らないけれど、自分の気持ちの中に残っていれば、5分間でもうちょっと工夫してやっていこうとか、もう少し長く縫えると思えるようになる。そうすれば、一つひとつの動作も速くなるでしょうね。

N そうなれば、実は成績にもつながっていく。ですが、直接的な因果関係が見えない以上、批判されることもありそうだと思ってしまいます。そこのところはいかがでしょうか。

先ほど申した通り、これは形に残るものではないので、意味がないと言われた時期もありました。説明会で運針の話をして、古くさいと言われたこともありました。ただ運針こそが本校の根幹だと思っているので、その意義を訴え続けてきました。

どうしても運針という言葉が昔の女子高の良妻賢母的な教育に繋がるイメージを持たれるんですけど、でも私たちはずっと集中力とか無心になる気持ちとか、こつこつ努力することの象徴だとかといった運針の意義をただひたすら言い続けました。

結果として、今はそういうのが嫌な方は説明会にいらっしゃらないのかも知れません。裏を返せば、共感してくださった方々が集まっているってことかもしれません。面倒くさいなって思っている保護者、本人はいると思いますけれども、あえて今批判されることはないですね。

N なるほど、ありがとうございます。入試問題についてお話しできたら嬉しいなと思っております。私も国語の講師なので、豊島岡の国語の問題をよく見ているんですけれども、保護者様からたまに「豊島岡なら記述が大問一つにつき1問で、選択肢の問題も多いから、国語が苦手なうちの子でも…」というお話を伺います。

ただ、貴校の選択肢って簡単じゃないですよね。去年の第1回とかも解きましたけれども、確かに傍線部の5行前に答えはある。けれども選択肢がそこと微妙に言い換えられていて、答えにあたる5行前を見てたから解けましたっていう問題ではない。そういった、きちんと解答根拠の内容を理解していないと選べない問題が比較的多かったように思います。もちろん解きやすい問題も一定数ありますが、下手な記述より悩ませる選択肢がちょくちょく出てくるなというのが豊島岡の印象なんですね。そこも含めて入試問題に対する考えを聞けたらなと思います。

これから求められる力という点では、思考力、判断力、表現力などがあげられていると思うんですけど、基本的にうちは入試問題の傾向を変えないと思います。というのも、まずはしっかり理解できる力が見たいからです。

本当にちゃんと表現するためには、正しく理解して物事を結び付けられる力が必要です。表面的な言葉を並べられても相手に伝わらないと思うので、何が書いてあるのかを理解できる力はしっかり見たいという思いがあります。特に国語科なんかはその辺を意識した作問ですから、選択肢は決して易しくないと思います。

想像力や表現力といったこれから本当に必要になってくる力を、小学校や塾で学んできてほしいと思っているわけではないのです。その基礎となるしっかりとした早く読み取れる力があれば、中高時代に想像力や表現力はきっと伸びると信じています。

N 読み取る力、理解する力がまず土台にあって、そこから先の力は中学校以降でも伸ばせるだろう。だから中学受験では理解力を求めていくということですね。他の学校では「あなたはどう思いましたか」みたいな問題も増えつつありますが、それ以前の力を見たいんだと。

国語の先生の前で恥ずかしいのですが同じ事を別の表現で言った時に、その選択肢で理解できるかっていうところを国語科は見たいと考えています。だから長い選択肢も出てくるということにもなります。

N 岸本先生は社会の先生でいらっしゃいますが、社会の入試で重視していることもやはり基本的には同じでしょうか。

基礎的な知識が社会はどうしても多いので、それをしっかり覚えているかを問うことが多いのですが、正直な話、一問一答的なものだけだと多くの受験生が答えられてしまいます。ですから、他の知識と結び付けて理解できているかを問える形にしたいなと思っています。

例えば地図の読み取りであるとか、グラフの読み取りであるとか、歴史の前後関係とか、そういうものに結び付けて作問できたらいいなと考えています。

実は歴史で言うと、小学校でも中学校でも高校でも学ぶことになります。なんで同じこと3回も学ばなきゃいけないんだって言われるんです。

その回答の一つとして、小学校の歴史は人物史で、ある人物にトピックを当てて、その人たちがどんな生活をしていたのか、どんな事件に関わったかっていう事を読み解くこと、一つひとつの出来事を理解するのが小学校の歴史で、中学校の歴史はそれを結び付ける事だと思っているんです。

高校に行くと、その背景まで理解することを求めている。そこは子どもの成長段階に合わせて、一つのお話だけを理解するレベルと、複数のお話しを繋げて理解するのとその背景にはどんな出来事があるのだろうっていう想像まで巡らせていく段階とに分かれるようなものだと。

N　そうすると、豊島岡の入試は、入試の段階ではまだ小学生レベルの学習で確認をしていき、そこに中学生のエッセンスもちょっと加えている…という形ですか。ありがとうございます。大学受験の話に移りたいなと思うんですけど、2019年に女子学院を押さえて東大合格者数ナンバー2の女子校になられました。そこで大学受験の教育、進路指導についてお伺いしたいと思います。

本校としては、中高6年間お預かりして、大学に合格するための勉強をさせているのではなくて、自分の将来に生きる力を少しでも身につけてもらいたいと考えています。中学の段階では将来を考えるキャリア教育的なものを中心に考える。

例えば中学2年生で企業インターンというプログラムを導入していています。具体的には、5社6社の企業様から指令、ミッションをいただき、その指令に対して各クラスでグループに分けて、自分たちでやりたいテーマを選んで、いただいた資料をもとに約3ヵ月考えてそのミッションを達成していきます。

まずクラスで発表を行なって、その後は各クラスの代表が発表をして、成果を共有するという形です。そのときには企業の方にも来ていただきます。

N ミッションとはどのようなものがあるんでしょうか。

たとえば、食品医療メーカーとかだと、朝早くて大変な女性が簡単に食べられるものを提案しなさいというものがありました。ターゲットとなる若い女性の出勤前というのは、とても忙しい時間ですから。

短い時間で食べられるような商品の検討だとか、宣伝方法を提案する形のミッションですね。そのミッションは自分の中であるいは仲間と共に解決していく中で、将来に対するイメージも持てるようになってほしいという狙いがあります。

あとは仲のいいグループとかと関係なしに、出席番号とかで強制的に決めたグループで取り組ませます。仕事というのは、急にメンバー集められて、知らない人とかもいたりして、でもそういった人たちともそれなりにやっていかなければならないものですよね。

N 働くことの疑似体験を通して、折り合いをつけながらやっていく。まさに生きる力ですよね。それを養っていく。

それこそが本校の進路指導です。自分にとって働くとはどういうことかを考えてみる。それを調べたりする時期は中2くらいと想定しています。その経験を踏まえて、中3では卒業生インタビューと言って、働いている卒業生にインタビューをする。

希望通りの職に直ぐにつけなくて紆余曲折した人もいますし、希望通りの職に就いたけれども、お子さんが生まれたことをきっかけに違う仕事に変わった方とかもいらっしゃいます。女性の方がライフサイクルによる影響が大きいので、やりたい事をその場その場で見つめて取り組む力っていうのが働くということなんだ。そういったことを感じてもらえればと思っていますね。

そして、高1の夏では、将来を見据えて、そこまでの筋道を具体化するものとして、大学のオープンキャンパスなどがあると思います。高校1年生はそういったイベントにたくさんいってもらって、自分でどうしていくべきか悩む。

そのうえで文系理系を決めようっていうの が高1のミッションになります。

N なるほど、単に学力的にではなくて、何をやりたいかをおぼろげながらにも見えてきて、それに合わせて文系理系を選択していくと。そして高2から文系理系に分かれていくと。

そこからは実際にどういった学部がいいのかとかを調べ始めて、最終的に受験を決めるのは高3の時期というのが本校の進学指導ですね。それを目指すにはどれくらいの 学力が必要なんだとか、もちろん授業がメインですから、そこを第一に。

そのうえで、もっとプラスαがほしければ、放課後の講習ですとか長期休みの時の講習とかを用意して、自分で選択して利用してもらっています。

また、我々は受験を団体戦だと思っています。最後のクラスは同じ系統の大学を受ける子たちが多いクラスになっていますが、クラスメートをライバルだとは捉えない。みんなでわからないところを教え合うだとかサポートし合うだとか、そういうことができる雰囲気作りをしています。

当然クラスにうまく馴染めない子もいるわけですけど、うちの学校は全員が部活に参加していますから、必ず自分の居場所がある。一緒に頑張って引退したクラブのメンバーは強力な仲間なんです。だからこそ支え合える。

完璧にできる事ではないですけど、ただそういうのを目指してるし、先輩がそうやってくれたことは先輩が後輩に伝えてってくれているので、それが今は比較的良い方に回ってくれているかなあと思います。

N それは、6年間を過ごす場としても、受験勉強をする場としても素晴らしい雰囲気ですね。また、学校でも放課後や長期休みに講習をされているとのことですが、保護者の方は逆に予備校や塾に通わせるかで悩まれるかと思います。そこのところをどうお考えになりますか？

正直なところ、学校の授業で十分に生徒が望むところまでの学力がつくだろうと考えております。一番困るのは、成績が伸び悩んできたから、塾に行こうというもの。塾も学校も学ぶのは本人なので、正しく利用するべきだと思っております。

一番長くいるのは学校であり、学校に軸足を置いてほしい。学校で終わらない子は塾に行って塾の宿題に追われ、学校の宿題に追われ、手が回らなくなるという。それは考えてくださいとお話ししています。

N かえってリズムが崩れちゃう生徒さんもいるってことですね。

逆に上手く切り替えてスムーズに授業が理解できる子ももちろんいます。そのよう余裕がある子が塾にプラスαを求めたり、さらに面白い話を聞きにいくのはありだと思います。

N 非常によくわかります。中学受験でも同じですね。消化すべきものを消化せずにプラスαを求めていくと、自縄自縛に陥ってしまう。それとの関連ですが、週1回のテストがあろうかと思います。英単語とか古文単語だとか漢字だとか。それも、コツコツやっていくって中での一環でしょうか。

勤勉努力を基本にしている学校ですから、もちろんそういうことになります。それに共感してくれる受験生や保護者の方が合っていると思います。漢字とかを短期間で取り組む子もいると思うんです。

そういう意味では、本校のこういったテストを嫌がる生徒も当然多くいるんですけど、高3になった時に、ここから準備しなくていいって気付いてくれたっていうのが何人かいるのは嬉しい。流石に全員とは言いませんけど。卒業してみて、やらされてたけど、おかげで慌てて準備しないで済んだとか。

N **東大とか国立医学部を受けるってなった時に、まずセンター（共通テスト）でたくさんの教科を受けなきゃいけないっていうハードルがありますよね。豊島岡のテストをしっかりやってきた子は、基礎知識が頭に入ってるから、高3で他教科の勉強に時間を使える。だから国立の受験にも有利である、というふうに感じました。**

国公立の話を例に出しましたけど、ある程度効率的に勉強を進めていかないと、あれだけの教科数をフォローするのは大変ですし、広く浅くの勉強でセンターや共通テストを突破したところで、二次試験で深いところも見られるわけで。そう考えると、集中力と処理力を養う運針がいかに大切か見えてきます。

うちの生徒達は隙間時間を使うのが上手なんです。5分っていう時間が身に染みていると思います、無意識に。朝5分間で毎朝これだけの事ができるっていう感覚が身についてくれているんじゃないのかと。

休み時間の5分間で英単語やったりとか、放課後の30分だけで宿題終わらせちゃうとか。5分間の運針で4メートルも縫う生徒もいます。それくらい作業できる時間ですから、同じ時間で単語も覚えられるんですね。

隙間時間と申しましたが、通学の時間とかも有効活用できるわけです。うちは通学時間1時間くらいの子も多くいるので、電車の中で取り組んでいる子は多いと思います。

あともう一つ。本校は時間に厳しいんです。朝7：00開門で8：10からホームルームが始まりますが、授業が終わるのが15：00で、15：20には帰りのホームルームが終わる。その後に掃除をやって、クラブ活動をやって、冬は17：00には生徒は下校です。

放課後のクラブの当てられる時間は1時間あるかないかです。それで足りなければもちろん朝練や昼練をするケースもありますが、いずれにせよ時間が限られている。その中で生徒たちはどうするか。工夫するしかないわけですよね。だから、短い時間でどう効率的にやるかを考えざるを得ないと思います。

N　それは良いですね。だからその隙間時間を使う習慣が嫌でもついちゃう。

僕自身もそうですけど、勉強ってずっと続いていくものですよね。でも社会人になると限られる時間の中で色々やっていかないといけない。

豊島岡の環境で6年間鍛えられた子は、一生能動的に、かつ効率的に学んでいけると感じます。

結果として、すごく忙しい学校だとは思います。ですが、実際の社会人の日々も忙しいですよね。だから、同じ事なんだよ、誰にとっても限られた時間で取り組むその感覚が身につくことは社会に出るために必要な一つの能力であると思うんですよね。

N　大学に合格するために勉強しているわけではないと先ほどお話しいただきました。ここまで伺って、いかに豊島岡の環境が今後の人生を豊かにしていくかがわかりました。他にそ

のような取り組みがあれば教えていただけますか。

もう5年になりますが、「Academic Day」と「モノづくりプロジェクト」があります。Academic Dayは、最初は教員がテーマを提示して、生徒がそれに取り組んで半年くらい研究して発表するというところからスタートしたものです。そこから徐々に生徒たちが自分でテーマを見つけて取り組むイベントになってきました。

N 生徒がこういうのを探究したいって形で出してくる。

そうですね、それを教員が臨時顧問となってサポートしてあげる。研究の中身を指導するのではなくて、どういう手順でやっていくかとか、どうやってそれをみんなにわかる様に伝えるかというようなヒントを示してサポートする形です。

何を研究するのかももちろん大事ですが、このAcademic Dayで学んでほしいことは、どういうアプローチで探究し、問題を解決すれば良いのかということです。その方法とか姿勢とかを意識してもらえればと。

そして、ここで学んだことを他でも展開できるようになってほしいと考えながら、Academic Day を実施しています。

N 他でも展開できるということは、他の場面でも活用できるということですよね。そういった、応用の利く考え方や姿勢を伝えていらっしゃる。モノづくりプロジェクトについても教えていただけますか。

大学・研究所・企業様などの協力を得て、先端技術で実際に動くモノを作り、モノを作るという過程を通して探究する姿勢などを学んでもらうイベントです。1年目は自動車メーカーのホンダさんの技術者の方と、クリップでモーターを作って走らせるクリップモーターカーを作りました。

ポイントは、材料だけは提示して、作り方は一切教えないということです。自分たちで工夫する。試行錯誤して、友だちと喧々諤々の議論をして、その技術者さんと競争するわけです。最後は作ったモノでコンテストをする。

技術者の方には負けてしまったのですが、悔しいので、もう一回リベンジさせてくださいという生徒が出てくる。その様子を見ると、体験させて良かったと思いますね。

N 悔しいと思うことって大切ですよね。自分なりに頭を使って工夫したのに負けてしまった。そこで悔しさを感じれば、さらにまた工夫していくと思います。そういう循環になってくれたらいいですね。

それも、モノづくりプロジェクトをはじめた一つの理由です。他にも、形のあるものを作らせたいという思いもあります。みんなで作ったものが形として残ったら、それを大切にするじゃないですか。そういうものを肌で感じてもらいたい。

また、授業では例えば衝撃とか波とかいった物理の理論を習うわけです。けれども、現実にその理論通りにものは動きません。実際に形があるものに触れれば、じゃあなんで理論通りにいかないのかと考えたりもできる。

これ以降も大学などの協力のもと、リニアモーターカー作ってみたり、今年度は、荷物を落とさないで運べる仕組みを作ろうということで、モーターと台車とそれからタイヤにあたるものと、物を乗せる台を提供して、凸凹道を走っても荷物が落ちない車を作りました。

凸凹道ですから、荷物を落とさないためには衝撃をうまく吸収できるかがポイントになります。そのために、タイヤにスポンジ状のものをくっつけたり、寒天を使ったりと工夫していました。荷物を載せる台を岡持ち式にしたグループもありました。これは面白かったですね。大人にはなかなか出せないアイデアです。

このプロジェクトは基本的には中3から高2を対象に始めたものなのですが、今回は中2から参加を許可しました。ちなみに、優勝は中3でした。そして準優勝は中2だったんです。

N 確か高2まで参加できるとのことでしたよね。

高1高2のチームは入賞できませんでした。このプロジェクトで高2が優勝したことはほとんどないんです。物理などの知識に一番詳しいのは高2のはずなんですけど、そこじゃないんですよね。試行錯誤した者勝ちなので。

今回のイベントは8月最後の土曜日にコンテストをおこないましたが、悔しかった高2のチームは、もう一度作り直しますと言いました。9月に本校で日本STEM教育学会の集まりをやっていただいた際に、そのリベンジバージョンを大学の先生方に見ていただく機会がありまして、リベンジしたんです。本人たちはちゃんと落とさない、運べるものを実際に作って見せました。

もう一つ大きいのは、彼女たちが「日本ＳＴＥＭ教育学会で頑張った体験を自分たちだけで終わらせるのはもったいないから共有する場を作りたい」と言ったことです。

ただ、共有するためにはまず発表しなくてはなりません。発表するからには、後輩たちに伝わるような話し方、内容、場合によっては資料作りをしなくてはいけなくて、そこの工夫が後輩たちに伝承されていく。これがいま本校で生まれつつある文化だなと思います。

N その悔しいって思いだけじゃなくて、実際に動くことでリベンジを実現したことや、上手く伝わるように工夫したことは、一生ものの財産ですよね。進学校だからってことでいろいろ見られることもあると思うんですが、むしろ勉強一辺倒で結果を出せるのか、とも思います。

生徒の力を引き出し、養い、卒業後の人生を豊かにする素晴らしい学校だと感じました。

岸本先生、本日はありがとうございました。

三輪田学園中学校

●インタビュー対談者
入試広報室長　塩見牧雄先生
進路指導室長　加納克也先生

三輪田学園に伺い、お話を伺いました。

大学受験に対応するための演習授業、積極性を育む教育、とりわけ力を入れている英語学習などについてお話しいただきました。先進的な教育をされている学校だと感じました。お読みいただければ幸いです。

N 早速で恐縮ですが、受験業界に身を置いていると学校が記述問題をどう採点されているかが気になります。お答えいただける範囲で、ということになろうかと思いますが、教えていただけますか？

そうですね、さすがに記述ナシというわけにはいかない。これだけ表現力を問われている世の中ですから。かといってオール記述まで行くのはどうかというのは我々のなかにもあります。説明会などで申し上げていますが、記述、抜き出し、記号、選択、知識問題、そういったものをバランスよく配合してやっぱり出して行きたい。午後入試は合格発表で締め切りも決まっていますので、その関係でオール記述にはできないという事情もあります。

採点においては、基準を設定し、それに基づいて点数をつけていく形です。そして、複数の人間が一つの記述問題を担当し、お互いでダブルチェック、トリプルチェックをするという流れです。

N 基準を設定するということは、Aを書けていたら3点、Bを書けていたら4点といった形で要素採点をしているということですか？

そうですね。あまり細かくは申し上げられないですが、「当然こういうものが必要になってくるね」ってことをいくつか要素として設定しています。あとはそれとは別に表記の問題として単純な誤字脱字だけではなく、日本語の文として適切かどうかというところも見ます。少なくとも二人三人の人間が同じ基準で判断していって、「やっぱり係り受けがおかしいね」とか。わりと単純なことですが、理由を聞いているのにそれを答えていないとかですね。

N いわゆる文末不備も含めて、ですか？

そうですね、理由を聞いている場合は、「ので」とか「から」で終わらせてほしい。それ以外のものでも、小学生だと30字ぐらいならともかく40字ぐらいになってくると、主語と述語がねじれていくとか、逆接で結ばなければならないのにそう書けてないであるとか、どう読んであげても文意が読み取れないとかそういうものが出てくるのですよね。

ただ、そういうことについては一人だけでそれをやってしまうと恣意的になってしまいます。だから、複数の人間で見る必要がある。そうなると、やはり基準というものが生まれてきます。

N **私も現代文の講師をしておりますが、世間は記述の問題を過大評価しているように感じます。つまるところ、記述は本文の内容をつなぎ合わせていく作業ですよね。もちろんそれはそれで大切な力だと思いますが、細かな理解ってむしろ選択肢とかの方が問えるんじゃないかなと思うこともしばしばです。**

答えが24行目だとして、それをそのまま書かせる記述よりも、その24行目を巧妙に言い換えた選択肢を選ばせる問題のほうが、思考力を問えるのではないか。

私個人の意見ですが、結構センター試験好きなんですよ。ときどき「これは？」と思うところもありますが、基本的には良く練られた選択肢で、読解ができてないと解けない。そういう意味では選択肢でもやはり読解力そのものを問えると思います。

ただ、同時にそれこそ東大の入試がオール記述という形になっているように、記述だからこそ見えるものがあるとは思います。

N 例えば抽象化する力でしょうか。本文で出てきた具体例をそのまま書くと「ほかのケースも考えられるよね」と突っ込まれてしまうので、ざっくりまとめた形に直す…というアプローチがありますよね。

そうですね、それもありますし、仮に本文からの引用であっても、先ほど申したような係り受けだとか、読み直したときに問題ない文章を書けているかが記述力であり表現力だと思います。ただそれを全てで問う必要はないよね、ということで、全ての問題をバランスよく扱っています。

N ありがとうございます。話は変わりますが、ホームページで大学の合格実績も拝見いたしました。難関私大にも国公立にも合格者を輩出しておいでです。そのための取り組みなどがあれば伺えれば。

いわゆる受験指導ということでいうと、大学の特徴を踏まえた演習系の指導ですね。10年くらい前までは市販の問題集を買ってやらせるという形が多かったですが、過去問の割合を増やしましたね。

それに関連して、マーチ月間といったように、特定の大学の過去問をやる期間を設けるようにもなりました。立教だとこんな感じの問題が出るよね、とか早稲田は学部によって傾向が違うんだけど文化構想学部の場合はこんな感じで…といった話をします。これによって、生徒が自身に必要なことを意識してくれたらと思いながらやっています。

N それこそ早稲田の国語でいえば、文化構想学部の現・古融合問題。

そうですね、あとは法学部のいわゆる国立型の長文の記述も。そういった演習授業や長期休暇中の練習の中である程度集中してやるとか。最終的には本人がやっていくということではありますけれども、早い段階でそれをやる。

解ける解けないではなく、そういった大学別の特徴を踏まえることが、合否を決めることもあります。もちろん本格的に取り組むのは秋以降でいいんだけれども、どういう傾向の問題が出るかはやっぱり早い時期に知っておいてほしい。

国語ですと、大学も年によって難易度にブレがありますから、1学期に解かせる問題についてはかなり慎重に題材は決めていきます。いきなり難しすぎる問題をやらせるのも違うと思いますから。

N 具体的で、受験生のためになる授業だと思います。ただ、入試の結果は普段の生活や学習姿勢とつながっていると思います。そこのところで取り組まれていることがあれば教えてください。

学びクラブというものを始めております。大学生のお姉さんがメンターとしていてくれて、そのもとで勉強していくものです。昨今、共働きの家庭も増えてきました。また、家にはスマホもあるしゲームもあるし…という状況です。

この状況の中では、なかなか家庭で学習するという習慣を組み込めません。だから、放課後に学習できる空間を学校側から設定していこうと思い、これを始めました。週に最低1回は学びクラブに行くように指導しております。

本校の中1はかならず部活に入ることになっておりますが、学びクラブはその後にも参加できるようになっています。文化系クラブだと活動は週に1回とか2回とかの場合もありますが、そういう場合は学びクラブに2回行っても3回行ってもいいという形になっていますね。

N ある種の強制力を持って勉強させているところもあるのでしょうか。正直、勉強してくれないと始まらないというところもありますよね。

どちらの学校も似た悩みを抱えていると思うんですが、10年前だったらほっといてもやる子がなんだかんだ半分ぐらいいました。ですが、ここ数年で見る限り、ほっといたらやらないっていう生徒のほうが多数派になってしまいました。

中学受験までは塾がかなりのプレッシャーを与えて受験勉強をさせていました。でも中学に入ったら親御さんとしてはいったん塾を離れて学校で面倒を見てほしいと思うでしょう。ところが子どもたちは学校で出された宿題をやるっていう習慣がついていません。そのギャップを埋めたいと思ったのが、学びクラブを導入した一つのきっかけです。

そこで宿題のやり方を学んで、自学自習ができる子になってほしいと思っています。もちろん、これは理想論であり、生徒が自走できるようになったという段階にはなっていないのが正直なところです。

N　しかし、画期的な試みだと思います。大学受験指導の現場にいる者として申し上げれば、授業だけで生徒を伸ばすのは難しい。彼ら、彼女らが自学している時間こそが伸びる時間だと思います。きちんとその時間を確保できる子になるための試みだと思いますから、ぜひ続けていただきたいです。

まだ揉んでいる途中のものでもいいんですけれども、次の手として考えていることはありますか？

そうですね、生徒にタブレットを持たせているので、ICTを利用した家庭学習の方法が何とか作れないかと模索しています。いま中3でスタディーサプリを導入しています。いわゆる到達度テストをやり、それで抜けや漏れが確認できたら、そこを解説している動画を見てもらい、復習テストをやらせてみるということをしているのですが、それをもっと拡大したいです。あとはそのタブレットを使った学習管理を充実させていきたいと思っています。

ただ結局のところ家でやるのは本人なんですよ。どれほどこちらがお膳立てしたとしても、実際に本人が取り組もうと思ってくれないとやってくれない。だから、彼女たちのハートに火をつけて自分から勉強しようと思ってもらうことが最も重要です。
非常に迂遠なことなのかもしれませんが、基礎的な勉強…いわゆる漢字の読み書きであるとか英単語を覚えるとかあるいは社会の年号を覚えるとかそういうことではなく、逆に探究活動みたいなものが必要ではないかと思ったりすることがあります。そのあたりを今模索しています。

N 探究型学習ですか。何か課題を設定して、それを掘り下げていくような学習でしょうか。

いわゆるゼミ学習のようなものですよね。国語で言うならば、みんなで小説1本完成させてみようよとか。そんな学習があれば、最終的に良いものを書くために文章力や語彙力を上げざるを得ないわけです。そして、いいものを書くためには毎日頑張っていかないといけないねって本人が思ってくれればいい循環がうまれていくでしょう。
また、グローバルっていうことでいうならば、映画を1本丸々翻訳しようとか。こういう形態の授業であるならば、どうしたって英語の勉強をするしかない。そういった授業を作っていこうと学内で話しています。また、このような活動が最終的には大学の推薦入試でも使える生徒の履歴にもなっていくと思います。形にしたいですよね。

また、中学3年生では卒業論文に取り組んでいます。まずは人権や環境など、四つのブロックからこちらが指定した本を読み、その後、夏休みに卒論テーマを見つけてもらいます。そして、2学期以降は卒論の制作に取り組むという流れです。

私の感覚だと女の子は他の人と同じテーマになるのは避けたい傾向があるので、結果的に突っ込んだテーマになっていくということはあります。また、うれしいことに卒論で取り組んだことが自分の進路に結びつく生徒が一定数います。

例えば文系か理系かを決めてなかった中3の生徒が、脳死臓器移植の問題点というテーマで卒論を書いたんですね。彼女は医学部に進学しました。

それから、日本の子どもの貧困をテーマに取り上げた生徒がいました。実際に子供食堂の取材などにも行って、卒論を書いたんですけれども、彼女は将来学校の先生になりたいと早稲田の教育学部に進みました。これもうれしかった。

N なるほど。取材にのめり込んで、目指す姿が見えてきたということですね。非常に素晴らしい取り組みだと思います。字数は何字くらいですか。

4000字以上、できれば5000字は書くようにとは言っています。文量が短い場合はこちらからも指導して字数を増やしていきますが、書く子はほんとうにすごい文字数になります。B4の用紙に10枚20枚書いてくる生徒がいます。

N 先生がご覧になって面白いと感じたテーマがあれば教えてください。

日本の学校給食をアフリカに広げようという論文を書いた生徒がいました。サハラ以南のアフリカでは、親が子どもを学校に通わせないで労働させるケースがよくあります。理由は当然貧しいから。しかし、学校に行けばプラスのことがあるような仕組みを導入すれば親も学校に行かせるんじゃないかと彼女は考えました。

そして、アフリカの学校に日本の給食みたいなしくみを導入すれば、子どもたちはお腹を満たせるし、親も子どもを働かせる必要がなくなるのではないかということを論文にまとめました。その生徒は慶應大に入って、いまはロンドン大学に籍を置いています。将来的には国際NGOで働きたいと言っていました。自分の将来と中3の時に書いた卒業論文が関係しているようで、とても嬉しく思っています。

女子校には多いと思うんですけど、卒業生が本当によく学校に来て、近況報告なりをしてくれます。昨日も二人きましたね。どうしたのって尋ねたらたまたまちょっと二人で連絡を取り合っていて、三輪田に行こうかって話になったんですって。

いろんなお話を聞くと卒業論文を含めて、印象に残った授業の話などをしてくれます。とても嬉しいですね。小規模の学校だから、ということもあるのでしょうが、卒業して大学生になっても、社会に出た後も本校の卒業生たち同士で交流を続けるケースが多いですね。

成人式にしても、本校の卒業生は地域の成人式は行かないんです。成人式の日は学校に集まって式をします。そこに教員も呼ばれます。また、文化祭にはお年を召した方もいらっしゃるのですが、やはりというか、本校を卒業された方なんです。

そういった意味では、卒業しても本当につながりの強い学校だと思います。

N 今のその話と絡めてではないですけれども、ホームページには「つながる力を養いたい」とあったかと思います。こういう子になってほしい、あるいはこういう子に来てほしいといった思いがあれば伺えないでしょうか。

創立者の三輪田眞佐子は幕末の人物で、結婚して子どもを授かりましたが早くに夫を亡くし、子どももすべて病気などで亡くしたという人物です。だからというわけではありませんが、自分の力で人生を切り拓いた漢学者でした。彼女の生き方が今も学校の中に息づいています。

校訓が「誠のほかに道なし」という言葉なんですね。そういう誠実でありつつ自分の人生を自分で切り拓いていくことのできる人間を育てたいですね。目標とする女性像は徳才兼備の女性ということなんですが、この校訓や目標とする女性像を現代風に置き換えて、「誠実でだれとでもつながることができ、自らの人生を切り拓いていける女性」を育てたいです。

つながるということと関連させると、法政大学とはいくつかの高大連携プログラムを実施しています。「持続可能な社会ＳＤＧｓの実現に向けて」というテーマで毎月専門の先生をお招きして出張講義形式で行っている企画があります。昨日は国際平和についてでした。

希望する生徒が参加する形式です。また、法政大への留学生と、文化の違いなどトピックを決めてディスカッションをするクロスカルチャープロジェクトという企画も定期的に行っています。

あとは理科実験ですね。法政大学の最新の設備をお借りして実験をさせて頂くのですが、これも一つの「つながる」だと思います。外の世界ともつながるということでいうと外濠市民塾があります。本校のすぐ近くに外濠があります。ちょうど2020年のオリンピックのマラソンコースになる予定でした。

ただ、外濠の水が汚れているということで、マラソンコースにするには整備が必要でした。そこで、近隣の法政大学、東京理科大、日本大学、高校では三輪田学園、企業では大日本印刷、角川書店、神楽坂商店会の方々とも一緒になって、外濠市民塾というものを組織したんです。そして、外濠の再生とか環境整備を積極的に行っています。

本校の生徒たちと大学等が一緒になって水質の検査をして、その検査結果を都庁に報告して水を浄化したいと働きかけました。実際に億単位の予算がつきました。大きな船を外濠に浮かべて中の泥を吸い込んだりしたんですよ。浚渫工事ですね。

ただ、途中でオリンピックのマラソンが札幌に変更されたので生徒は本当にがっかりしていました。でも、失敗したっていいんですよ。失敗したら起き上がる。でも、ただ起き上がるのではなく失敗した悔しさを持って起き上がってほしい、そういう気持ちを持った人になってほしいと思いますね。

N **ですが、そもそも行動しないと失敗すらできません。そうなると、ある程度の積極性も必要になってきますよね。その積極性を養うためにしていることがあれば教えてください。**

様々な経験をさせたいと思っています。矛盾はするんですけど、本校はボランティアを強制でさせています。中学2年生と高校1年生は夏休みにボランティアをしなければいけません。高校生になると病院がボランティアを受け入れてくれます。卒業生との関係で、聖路加国際病院では30名ぐらいの生徒を受け入れてくれます。もちろん、参加者はもともと医療系に興味があって参加しますが、結果的にこのボランティアに参加した生徒は、医療系に進む割合が高いですね。

看護師、医師、薬剤師。それから、おそらくボランティアに行くまでは知らなかったであろう理学療法士などを目指します。本校は女子校ですが、4割は理系に進みます。その中で、最も多いのが医歯薬看護を志望する生徒です。彼女たちはこのボランティアにかなりの影響を受けています。

N なるほど。具体的に目標が見えたら勉強にも身が入っていくという流れでしょうか。

そうですね、その流れを意識的に作る必要があります。外の世界とのつながり、大学とのつながり、先輩とのつながりです。卒業生に来てもらって進路について話す機会というのはほかの学校よりも多いと思うんですけどもっと増やす必要があると考えています。

いま、中学3年では毎年2学期に社会でバリバリ活躍している卒業生に来てもらって、その人たちに話をしてもらうんですよね。3学期には働いているお母さまに来てもらって、仕事の喜びや大変さを話してもらうという機会も作ってます。

それから高1では「10年後の私」ということで卒業後10年になる卒業生に来てもらって、高校1年生向けに現在の仕事について、働くとはどういうことか、あるいは私が高校生だったころということでお話をしてもらっています。こういう機会をもっと増やしていきたいと思っていますね。

N 生徒が将来のビジョンを持てるようにってことですよね。いや、憧れとか目標とかでもいいのかもしれません。

先輩のようになりたい、私もあのようになりたい。そういった目の輝きを持てるようになれば、そこから変わっていくっていうことがありますね。

N もしかしたら中学受験生にもそういう将来の夢みたいなものが必要なのかもしれないですね。

将来の夢とまでいかなくても、あの人かっこいいなぁとか、あの先輩すごいな、私もできるようにならないかなあとか。そう思えることを見せていくことが、子どもたちの積極性に繋がるといいなと思ってるんですけど。

N そうすると、もしかしたら今の高校生なり小学生なりが無気力になってきているとすれば、実は僕たち大人に責任があるのかもしれません。我々が子どもたちにとって憧れの存在でいる必要があるということですよね。

そうですね。我々が生き生きしていないと、多分生徒たちも生き生きしないんじゃないかなというふうに私は思っております。そういうところは生徒には意外と見られていますから、無理にでも笑顔をつくって頑張ってるって姿を見せたいなと思うんですけどね。

N 三輪田には生徒の積極性を引き出すたくさんの仕掛けがあるということですね。素晴らしい学校だと思います。だからこその大学合格実績だと存じます。

ただ、英語力の養成にも力を入れておいでとのこと。それも実績の大きな要因かと思います。そこのところも教えていただければ。

たとえば、中学2年以降は各学年の夏休みのプログラムに語学研修プログラムを入れています。中2は全員参加で、夏休みの終わりに「イングリッシュキャンプ」という外国人の講師と3日間英語漬けの日々を送ります。

学校からバスで宿舎まで行くんですけど、バスの中でも英語しか話してはいけない。講師は初めて会う外国人なのではじめは生徒は緊張してるんですけども、最後はもう「来年また会おうね」と涙を流している子もいるくらいで、充実した3日間になっています。

もちろん、我々教員も引率として参加しますが、基本的に我々は後ろで見ているだけです。英会話を学ぶためのプログラムですから、食事の時間などもすべて外国人講師と生徒でやりとりします。

中学3年では、秋田県の国際教養大学で行われる「イングリッシュビレッジ」に参加します。英語の教員免許の取得を目指す学生たちのプログラムに本校の生徒が参加します。毎年30名から40名の生徒が参加します。これもかなり生徒の満足度が高いプログラムです。

また、これまで高校で実施していたカナダ語学研修を来年から中3で実施します。高校では40人の枠でしたが、希望者が多かったので、枠を60人くらいに増やして実施します。これはホームステイ形式で、10日間のプログラムです。

高1では、イギリス語学研修を行います。こちらはインターナショナルクラスで学んだ後、ハリーポッターのドラマプログラムを受講します。

あと面白いのは高2のマルタ語学研修ですね。ヨーロッパで英語を使うのはイギリスとマルタ。イギリスは物価が高いので、イタリアやフランス、スペインといった国の若者たちは、語学研修でマルタに行くこともあるようです。

そこに本校の生徒たちが参加し、試験を受けてクラス分けされて、学んでいく形です。それから、オーストラリアの女子校とも提携し、3ヵ月あるいは1年の留学もできるようにしました。

N いろんな国の人たちと混ざって過ごす…これは英語を使わざるを得ない環境ですね。

もちろん女子校なので、全てのプログラムを本校の教員が引率します。ここ数年で語学研修に関しては改革してきました。また、これまでであれば日本の大学に進学してから海外大学へ進むケースが基本でしたが、海外協定大学推薦制度を導入しましたので、直接三輪田学園から海外の大学に推薦で進学できるようになりました。

N 英語に興味があって、海外に行きたいという生徒の希望に応えられる体制になっているということですね。英検対策にも力を入れておいでのようですが、実績としてはいかがでしょうか。

中学1年では4級、中学2年は3級、3年では準2級に合格しようということで、取り組んでいます。各学年で目標をはっきりと定め、対策講座を放課後に行っています。

2019年度の中学1年は8割以上が4級に合格し、3級以上を取得している生徒も1割います。中学2年では、6割が3級を取得し、2割が準2級を取得、2級に合格した生徒も4人いました。

ただ、英検や大学入試でいい結果を…と思ってはおりますが、きちんとした人間を育てたいという目標がまずあります。最近、学校説明会とか外部相談会にお父さまがいらっしゃる場合があるのですが、「部下に三輪田の卒業生がいて、その子がきちんとしているから三輪田学園ってどういう学校かなと思って来たんです」って。そういう形でいらっしゃるお父さまが何人もいらっしゃるんですね。

ある意味で一番多感な人間としての基本的な核となるところを身に着けるところって中高だと思うんですけど、学歴的な部分だけでなく、人間形成の部分を評価していただけているのであれば、凄く嬉しいなと思います。

N たしかに、私も中高で習った先生のことはよく覚えていますから、印象に残る時期ですよね。人間形成のための特別な声がけだとかあれば教えていただければ。

そうですね。やっぱり校訓の「誠のほかに道なし」というところですね。これについては自分自身に対しての誠とは何か。相手に対しての誠とは何か。集団の中における誠とは何か。それらをよく考えようねっていうことは、いろんな教員が様々な場面で話していると思います。
その都度その都度自分の置かれた場で、自分・相手・集団といったものの中での何をどうすることが「誠」にかなったことなのかというものを考えていってほしいですし、そのうえで行動できる人になってほしい。そのように本校の生徒には話しています。

N 先ほどから積極性っていうのがキーワードになっていると思いますが、動くだけではない。その中に「誠」というものがあり、正しく行動していける人であってほしいということですね。本日はありがとうございました。

＜著者プロフィール＞

長島 康二（ながしま こうじ）

学生時代の５年間は SAPIX小学部で国語科講師として活躍。若干19歳で志望校別対策講座SS特訓の担当講師に抜擢され、開成中学などの対策を行う。その後８年間にわたり、栄光ゼミナールの麻布対策講座を担当し、現在は自身が代表を務める読解ラボ東京で、授業だけでなく講座開発や後進の育成も行っている。

〔中学受験〕のトリセツ
—“親子力”で志望校に合格!—

著　者	長島 康二
発行者	池田 雅行
発行所	株式会社 ごま書房新社 〒101-0031 東京都千代田区東神田 1-5-5 マルキビル 7F TEL 03-3865-8641（代） FAX 03-3865-8643
カバーデザイン	（株）オセロ 大谷 治之
DTP	ビーイング 田中 敏子
印刷・製本	精文堂印刷株式会社

ISBN978-4-341-08768-5 C0037